中国电动汽车充电设备发展报告

（2024年）

仝宗旗 李 康 徐 梦 郭科成　等 编著
中国电动汽车充电基础设施促进联盟
深圳市盛弘电气股份有限公司　　组织编写

中国建筑工业出版社

图书在版编目（CIP）数据

中国电动汽车充电设备发展报告. 2024年 / 仝宗旗等编著；中国电动汽车充电基础设施促进联盟，深圳市盛弘电气股份有限公司组织编写. --北京：中国建筑工业出版社，2025.1. --ISBN 978-7-112-30883-5

Ⅰ. F426.471

中国国家版本馆CIP数据核字第2025BF5340号

责任编辑：李玲洁
书籍设计：锋尚设计
责任校对：赵　力

中国电动汽车充电设备发展报告（2024年）

仝宗旗　李　康　徐　梦　郭科成　等 编著
中国电动汽车充电基础设施促进联盟
深 圳 市 盛 弘 电 气 股 份 有 限 公 司　组织编写

*

中国建筑工业出版社出版、发行（北京海淀三里河路9号）
各地新华书店、建筑书店经销
北京锋尚制版有限公司制版
北京圣夫亚美印刷有限公司印刷

*

开本：787毫米×1092毫米　1/16　印张：6　字数：135千字
2025年1月第一版　　2025年1月第一次印刷
定价：**40.00**元
ISBN 978-7-112-30883-5
（44518）

版权所有　翻印必究
如有内容及印装质量问题，请与本社读者服务中心联系
电话：（010）58337283　QQ：2885381756
（地址：北京海淀三里河路9号中国建筑工业出版社604室　邮政编码：100037）

编委会

主　任　王　耀

副主任　邹　朋　仝宗旗　赵庆河

委　员　路文刚　刘　念　彭文科　梁舒展　邓晓光

主　编　李　康

副主编　徐　梦　郭科成

执　笔　肖宏晓　刘长坤　庞三中　叶梓涛　王东芳　刘　正
　　　　　李　健　胡　超　程代雄　林伟豪　张　毅　秦敬轩
　　　　　张　强　徐文军　杨俊鑫　陈　辉　黄佳乐　李进平
　　　　　朱　路　杜京伟　蔡垚涵　白海涛　俞文恺　严显红
　　　　　揣建顺　梁志远　陈　琳　何立林　龙跃乐　刘家章
　　　　　钟海川　谷兆宁　吴　天　徐　力　庄梦迪　张旭光
　　　　　高路平　于晓晨　杨　洁　李国涛

（以上排名无先后）

参编单位

中国汽车工业协会充换电分会
中国电力科学研究院有限公司
中石油昆仑网联电能科技有限公司
特来电新能源股份有限公司
万帮数字能源股份有限公司
江苏云快充新能源科技有限公司
公牛集团股份有限公司
支付宝（中国）信息技术有限公司
北京小桔新能源汽车科技有限公司
广州巨湾技研有限公司
上海ABB联桩新能源技术有限公司
上海挚达科技发展股份有限公司
上海循道新能源科技有限公司
浙江东亚电子有限公司
深圳市欣瑞达信息技术有限公司
深圳市科华恒盛科技有限公司
广州万城万充新能源科技有限公司
易事特集团股份有限公司
广电计量检测集团股份有限公司
珠海云充科技有限公司
珠海派诺科技股份有限公司
珠海泰坦科技股份有限公司
国广顺能（上海）能源科技有限公司
石家庄通合电子科技股份有限公司
施耐德电气（中国）有限公司
深圳英飞源技术有限公司
菲尼克斯（南京）新能源汽车技术有限公司
深圳市沃尔新能源电气科技股份有限公司

前言

为应对全球气候变暖，保护全球环境，我国于2020年9月提出了碳达峰、碳中和（"双碳"）目标，新能源汽车代替燃油车是达成"双碳"目标的重要抓手，发展新能源汽车是我国由汽车大国走向汽车强国的必由之路，发展新能源汽车是国家在战略层面的重要部署。

2022年，我国新能源汽车产业的发展已由初期的"政策驱动"进入"市场驱动"的全新发展阶段。"补能焦虑"是目前用户选择新能源汽车的第一痛点。构建高质量充电基础设施体系网络，解决"补能焦虑"问题，是新能源汽车占有率保持高增长的有力保证。

当前阶段，由于市场上资本的大量涌入，导致了电动汽车充电设备行业的快速发展与质量标准的不匹配。为了促进电动汽车充电基础设施行业的健康发展，我们精心编撰了《中国电动汽车充电设备发展报告（2024年）》。本书作为业内首部全面梳理中国电动汽车充电设备行业的专业著作，主要介绍了中国电动汽车充电设备产业的概述、发展空间与格局、主要充电场景、充电设备标准、充电设备关键技术、充电设备运维、充电设备发展趋势和相关建议，旨在为行业内及相关领域的决策者、研究者和从业者提供一份详尽的参考资料。

希望本书能够为电动汽车充电设备行业发展谏言献智，推动电动汽车充电设备行业高质量健康有序发展，从而更好地支撑新能源汽车"无畏前行"。

目录

第 1 章 概述

1.1 充电设备概念 …………………………………………002
1.2 新能源汽车发展现状及趋势 …………………………003
1.3 充电设备发展历程 ……………………………………006
1.4 充电设备主要硬件组成 ………………………………009

第 2 章 充电设备产业发展空间与格局

2.1 电动汽车充电设备产业链整体结构 …………………012
2.2 充电设备市场空间 ……………………………………013
2.3 关键零部件国内市场空间 ……………………………014
2.4 充电设备国内产业链区域分布 ………………………016

第 3 章 主要充电场景

3.1 按应用场景划分 ………………………………………020
3.2 按环境条件划分 ………………………………………025

第 4 章 充电设备标准

4.1 海外标准概览 …………………………………………030
4.2 国内标准概览 …………………………………………034
4.3 计量强检要求 …………………………………………043
4.4 国内标准变化趋势 ……………………………………044
4.5 下一步标准建议 ………………………………………050

第 5 章　充电设备关键技术

5.1　充电设备关键性能指标 ··········054
5.2　充电设备安全保护 ··········059
5.3　车桩互操作性 ··········062

第 6 章　充电设备运维

6.1　运维现状 ··········072
6.2　各场景运维成本分析 ··········073
6.3　充电设备常见故障及应对措施 ··········074

第 7 章　充电设备发展趋势

7.1　充电设备发展趋势 ··········078
7.2　关键零配件发展趋势 ··········082

第 8 章　相关建议

8.1　执行强检意见，促公平竞争发展 ··········086
8.2　运营规范落地，营造健康发展环境 ··········086
8.3　推动评价评级标准落地，可持续高质量发展 ··········087
8.4　设备质量监管，维护用户权益 ··········087
8.5　技术创新奖励，加快行业突破 ··········087

第1章
概述

1.1 充电设备概念

1.1.1 编制范围

本书立足为行业和社会提供全视角、多层次、大产业的充电设备行业分析研究。编制范围以电动汽车[①]直流充电设备为主兼顾交流充电。

本书内容主要包括概述、充电设备产业发展空间与格局、主要充电场景、充电设备标准、充电设备关键技术、充电设备运维、充电设备发展趋势和相关建议等，在行业发展研究分析的基础上，指出了目前充电设备行业发展面临的瓶颈，提出了推动电动汽车充电设备行业发展的政策建议，并对行业的中长期发展作了展望。

1.1.2 充电设备基本概念

电动汽车产业链主要环节如图1-1所示，三电系统"电池、电驱、电控"是电动汽车的核心部件，为电动汽车提供动力，也是电动汽车区别于燃油汽车之处；电动汽车带来了汽车电气架构的彻底改变，带动了汽车电子系统的升级；充电设备则是必需的配套设施，为电动汽车补充能量；充电设备是保障电动汽车用户出行的基础设施，是推动汽车电动化的最基础抓手。

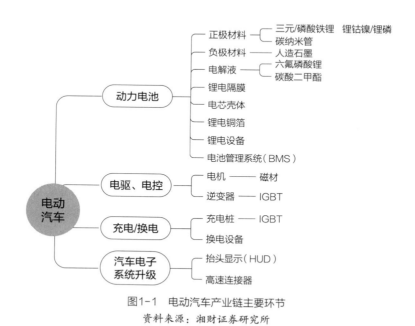

图1-1 电动汽车产业链主要环节

资料来源：湘财证券研究所

[①] 当前阶段，电动汽车是新能源汽车的一个最主要的类别，绝大多数新能源汽车都是电动汽车，二者范围高度重合。因此在本书中，凡涉及新能源汽车，一律视作在讨论其电动汽车部分。

电动汽车充电设备包含传导式充电设备（交流慢充设备、直流快充设备）、感应式充电设备（无线充电设备）、换电站充电设备三种模式。本书中所讨论的充电设备是以传导或无线方式与电动汽车或动力蓄电池连接，并为其提供电能的设备。充电设备相关术语及概念见表1-1。

充电设备相关术语及概念 表1-1

术语名称	概念
交流充电设备	采用传导方式为电动汽车车载充电机（On-Board Charger，OBC）提供交流电源，间接给电池包充电的设备（早期一般称作交流慢充设备）
直流充电设备	在设备内部进行交流-直流的转换，采用传导方式直接给电动汽车动力蓄电池提供直流电源的设备（由于直流充电设备一般快于交流充电设备，因此在早期为了区别于交流充电设备，也被称作直流快充设备）
慢充设备	使用功率小于或等于20kW的较低功率充电设备对电动汽车进行充电的设备，充电速度相对较慢，一般包括7kW交流充电设备和20kW小功率直流慢充设备
快充设备	快充设备功率一般大于20kW，最大可输出电流为250A，一般在30min～2h之间可以充满一辆车（注：在充电设备发展早期，一般把直流充电设备称作快充设备）
超充设备	即超级充电设备，属于直流充电设备的一种，能够为电动汽车提供超大功率充电服务。超级充电设备的原理主要是通过高电压、大电流的方式，在极短的时间内为电动汽车电池充满电，超充设备一般最大充电电流可达到600A及以上，甚至部分厂商可以达到800A，单枪最大充电功率达到480kW及以上，一般采用液冷的方式散热
风冷超充设备	风冷超充属于直流充电设备的一种，单枪最大充电电流可达到400A，与液冷超充设备不同的是其采用了风冷方式散热，既解决了传统快充电流不足的问题，又避免了液冷超充设备的高成本投资
移动储能充电机器人	一种集储能单元、充电系统和自动驾驶底座于一体的智能机器人，可为电动汽车充电提供更加便捷、高效和灵活的解决方案
光储充一体设备	一种集成太阳能光伏发电、电池储能和电动汽车充电技术的综合解决方案，可以实现场站电力负荷的削峰填谷，是当下公共快充站等领域最具性价比的解决方案之一
无线充电设备	将交流或直流电网（电源）通过无线电能传输技术，调整为校准的电压/电流，为电动汽车动力蓄电池提供电能，也可为车载设备供电

1.2 新能源汽车发展现状及趋势

在能源危机和环境污染的双重紧迫形势下，汽车工业向电动化转型成为世界各国的共同选择，全球范围内正加速推动新能源汽车发展。同时，传统头部跨国车企大多将停售燃油车及转型电气化目标定在2025—2030年，加大新能源汽车研发，加快推广新能源汽车车型已成为车企的共同选择。

在2009年我国将新能源汽车上升至国家战略后，特别是2011年启动产业化发展之后，中国新能源汽车就在政策和市场的双引擎驱动下高速增长。2022年中国新能源汽车销售渗透率接近26%，较2021年提升12个百分点，提前三年实现了国务院发布的《新能源汽车产业发展规划（2021—2035年）》中关于2025年新能源汽车销量达到20%的目标，2023年中国新能源汽车销售渗透率增长至33%（图1-2）。预计2024年国内新能源汽车销量达1050万台，销售渗透率预计将超过40%。在"双碳"目标推动下，我国正借势新能源汽车产业，逐步向汽车强国迈进，预计未来较长时间内仍将引领全球。

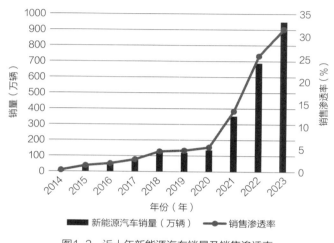

图1-2 近十年新能源汽车销量及销售渗透率

"十三五"初期，新能源汽车私人消费占比仅为47%，2023年该比例已经接近九成。即使在2022年消费端的新能源补贴政策下滑30%、2023年补贴全面取消、供给侧的双积分政策持续递减的情况下，得益于新能源汽车在综合使用成本上的显著优势、日渐成熟的三电技术、新能源基础设施的有力保障和终端消费者对新能源汽车接受度的大幅提高，消费者购买热情依旧高涨，新能源汽车已经进入市场化驱动阶段。

从汽车存量市场组成结构看，2023年，中国汽车保有量达到3.36亿辆，其中私人汽车保有量为2.94亿辆，比例约为88%。同期，新能源汽车保有量达到2041万辆，按照彭博指数（Bloomberg）的测算，其中私人乘用车比例达到86%。根据全国乘用车市场信息联席会对全国私家车及网约车销量数据进行的整理，2021—2023年新能源私家车销量占比均达到83%（图1-3），与整体汽车市场结构基本一致，新能源汽车市场的私家车时代已经到来。

随着新能源汽车的蓬勃发展，新技术、新价格、新产品、新服务和新消费群不断涌现，新能源汽车品牌的竞争愈发激烈，越来越多的传统品牌转型与新兴品牌加入也对现有的汽车市场竞争格局形成重塑，中国新能源汽车市逐渐从资格赛进入淘汰赛。用户需求带动市场重构，市场革新催生用户新需求，产业在不断创新中实现跨越。

国务院发布的《2030年前碳达峰行动方案》提出大力推广新能源汽车，到2030年，当年新

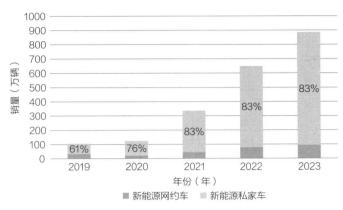

图1-3 近五年新能源私家车销量占比

增新能源、清洁能源动力的交通工具比例将达到40%左右。根据中国汽车流通协会乘用车市场信息联席分会、工业和信息化部及中国汽车工业协会的数据统计,2023年中国新能源汽车市场渗透率增长到31.6%;2024年,新能源汽车市场渗透率为40.9%;"十四五"规划指出到2025年新能源汽车保有量将达到2000万辆,截至2023年年底保有量已超2000万辆,新能源汽车发展远超计划。中国新能源汽车发展经历了三个阶段,具体如下:

(1)政策主导阶段

2017—2020年,产业链和配套充电基础设施不成熟,电动汽车产品类型少,消费者认同低,主要以运营需求为主,如公交巴士、网约车等,新能源汽车销量增长主要靠补贴和免税政策拉动。

(2)政策+市场双轮

2020—2024年,产业链和配套逐渐成熟,特斯拉国产化以及国内主机厂在私家车领域发力,凭借高配置、智能化、时尚内饰和个性外观的产品力深受消费者喜爱,再加上绿牌路权和免税政策的加持,TOC端消费者逐步尝鲜,市场进入拐点,私家车需求成为主导。

(3)市场主导阶段

从2024年开始,随着汽车企业的大力投入,新能源车份额逐步超越燃油车,电动化已不可逆。技术产品的迭代、800V电压架构的推出和无人驾驶技术的迭代,虽然补贴政策取消以及免税政策退坡,消费者仍高度认可新能源汽车,其高质量发展带动私家乘用车的爆发。

在电动汽车推广初期,消费者对电动汽车充电速度关注不多,电动汽车补能方式以慢充为主,直流充电设备的电压/电流普遍在350V/125A以下。随着电动汽车快速增长、电池容量不断增加,原有补能效率已不能满足用户需求。因此,《电动汽车传导充电用连接装置 第3部分:直流充电接口》GB/T 20234.3—2023提出,将直流充电接口电流从原来125A提升至上限250A,以满足电池容量增加带来的充电功率增加。随后汽车企业主要通过提升车辆电压平台,来实现基于250A电流下的快充。电压平台由350V逐步向450V、750V演进,实现充电倍率1C~2C[①]。

但受到绝缘栅双极型晶体管（Insulated Gate Bipolar Transistor, IGBT）耐压等级限制, 750V电压已是当前硅基功率器件的耐压上限, 要在此基础上提升充电功率, 只能通过提升充电电流实现。当前部分汽车企业通过将电流提升至500A来实现充电倍率3C~4C的快充。但通过持续提升电流的方式来提升充电功率, 需要加大线缆的横截面积来增加通流能力, 这会带来充电部件体积、重量的增加, 影响用户操作的便利性。同时, 高电流也会带来更大的散热问题, 产生安全隐患。

随着耐高压、低损耗、高功率密度的碳化硅功率器件的逐步深入应用, 950V左右的电压平台逐步被汽车企业提上日程, 并将成为当前3~5年的重要趋势。950V/500A的高压快充桩可以达到480kW的充电功率, 实现5min左右的快速补能, 真正实现"充电像加油一样快捷"。国家有关部门也已将1000V纳入乘用车下一代大功率快充充电接口标准中, 以适应未来"千伏"高压平台的落地。新能源汽车电压平台及电流发展趋势见图1-4。

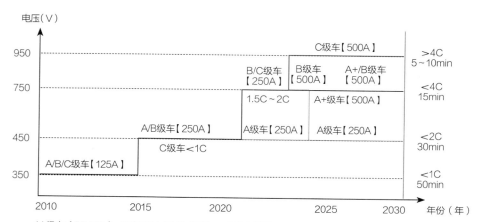

图1-4　新能源汽车电压平台及电流发展趋势

1.3 充电设备发展历程

1.3.1　充电设备产业发展历程

充电设备产业发展主要历经以下阶段：

---

① 1C表示电池在一小时内完全放电或充电的电流强度。

(1) 2006—2008年：萌芽期

个别企业开始布局新能源汽车，政策开始推动和鼓励新能源汽车市场化，充电基础设施建设随之出现少数试点。

2006年，比亚迪建立首个电动汽车充电站，率先开启了"电动汽车"时代。

2008年，特斯拉推出一款名为"Roadster"的小型跑车。

2008年，为了满足北京奥运会期间的绿色出行需求，国内首个纯电动巴士集中式充电站由北京市相关部门和企业共同建设。这个充电站是为了支持奥运会期间的环保交通措施而建立的，它可以为50辆纯电动巴士提供动力电池充电服务。该充电站的建设是中国在新能源汽车领域的早期探索和发展。

(2) 2009—2013年：培育期

这一时期的充电桩开始市场化，主要由国家主导，主要参与者包括国家电网、南方电网和普天新能源，且以公交巴士或政府内部用车为主，市场规模还很小，主要以行业摸索为主。

2009年，上海市电力公司投资建设了国内第一座具有商业运营功能的电动汽车充电站。

2011年，世界大学生运动会在深圳举办，作为全球电动汽车产业领先城市，深圳率先采用电动汽车作为活动接驳车。

(3) 2014—2016年：爆发整合期

从此阶段开始，有大批民间资本涌入市场，充电桩建设开启新浪潮，充电桩国家标准《电动汽车传导充电系统 第1部分：通用要求》GB/T 18487.1—2015、《电动汽车传导充电用连接装置 第1部分：通用要求》GB/T 20234.1—2015、《电动汽车非车载传导式充电机与电池管理系统之间的通信协议》GB/T 27930—2015发布，同时竞争也逐渐加剧，部分企业被淘汰。

2014年，财政部发布《关于新能源汽车充电设施建设奖励的通知》中，国家首次将新能源汽车购置环节和充电设施补贴挂钩。

2015年，国务院办公厅发布《国务院办公厅关于加快电动汽车充电基础设施建设的指导意见》。

2015年，国家发展改革委等部门印发《电动汽车充电基础设施发展指南（2015—2020年）》，提出适度超前的规划，目标到2020年，建成480万台充电桩。

2016年，国家标准《电动汽车传导充电系统 第1部分：通用要求》GB/T 18487.1—2015、《电动汽车传导充电用连接装置 第1部分：通用要求》GB/T 20234.1—2015、《电动汽车非车载传导式充电机与电池管理系统之间的通信协议》GB/T 27930—2015发布，充电桩行业更加规范化、标准化。

(4) 2017—2019年：健康发展期

这一时期，新能源汽车补贴退坡，新能源汽车和充电桩增速较平缓，充电桩的品种类型和服务范围不断丰富，逐步呈现多元化的竞争格局。

2018年，汽车企业、出行公司等新势力大范围布局充电桩，形成了多元化的竞争格局，充电桩的品种类型和服务范围不断丰富。

2019年，新势力纷纷入局，部分企业跨过盈亏平衡线。

（5）2020—2023年：高速增长期

新能源汽车销量开始新一轮大幅增长，吸引充电桩投资者纷纷入局建设，充电桩数量增长率迎来上升拐点，充电桩行业正式迈入高速增长期。

2020年，充电桩被纳入七大"新基建"之一，行业迎来新一轮发展周期。

2021年，国家发展改革委等部门发布《关于进一步提升电动汽车充电基础设施服务保障能力的实施意见》，提出了"十四五"时期，充电桩行业的发展目标和措施。

2023年，新能源汽车市场渗透率超过30%，带动充电桩行业高速发展。

（6）2024—202×年：高质量发展期

2024年，充电设备产业发展从高速增长阶段开始向高质量发展阶段转变。

2016—2023年充电桩保有量及增长率见图1-5。

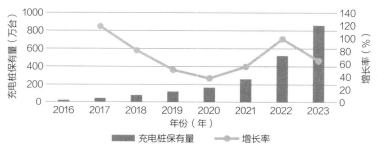

图1-5　2016—2023年充电桩保有量及增长率

1.3.2　直流充电设备技术发展历程

直流充电设备技术发展主要历经以下阶段：

（1）2006—2009年

直流充电设备发展早期，额定电压为350V，额定电流为125A，主要由早期探索企业选择确定。

（2）2010—2015年

随着电动汽车续航里程和电池容量的提高，充电功率也随之提高，直流充电设备的电压平台上升到500V，电流增大到250A。

（3）2016—2019年

2015国标发布，充电设备额定电压继续上升到750V，额定电流因为枪线重量限制，仍然为250A。

（4）2020—2023年

电动汽车出现800V的平台趋势，充电设备由一体式充电桩向分体式充电堆演进，到2023

年,充电堆逐渐成为主流。额定电压继续上升,达到1000V,而凭借着液冷散热技术的应用,额定电流也实现了跳跃式增长,达到了600A。

(5)2024—2027年

预计未来电压平台将继续提升,三年内将达到1500V,且开始出现兆瓦级充电的趋势。

1.4 充电设备主要硬件组成

以一体式充电设备为例,一体式充电设备构成见图1-6,充电设备主要硬件组成见表1-2。

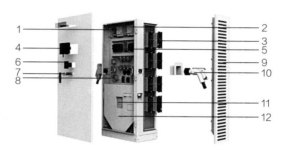

图1-6 一体式充电设备构成

注:图中标注见表1-2。

充电设备主要硬件组成 表1-2

序号	部件名称	说明
1	计量电表	主要负责计量,其精准度直接关系到运营商和用户的切身利益,因此也是最受重视的部分
2	开关电源	也称辅助电源,主要用于给充电桩内部控制电路板供电
3	充电模块	充电模块的作用是把电网输入的交流电进行整流等操作,输出可直接给电动汽车电池充电的直流电
4	显示屏幕	与用户进行交互,可显示和触摸控制
5	主控电路板	集成了控制模块和通信模块等,主要负责控制充电过程、人机交互、上位机通信等
6	刷卡器	支持配置刷卡器,可刷卡验证充电
7	急停开关	用于紧急情况下的快速断电,按下按钮即可断电,旋转即可复位
8	直流接触器	主要用于在直流电路中控制和保护电气设备,结合了开关和继电器的功能,能够在电路中稳定地承受较大的电流,同时控制主回路电路闭合和断开
9	防尘网	经过特殊的结构设计,并内置防尘棉,对进入桩内的气体进行过滤
10	充电枪	是充电桩与电动汽车的连接器,包括充电枪头和充电枪线,承载了电流和通信信号的传导。在充电时,是和用户直接接触的部分,是影响用户体验感的重要因素
11	断路器	用于主回路的切断,其稳定性直接影响充电桩的稳定性和安全性
12	挡板	用于隔离供电线路的带电危险部分

第 2 章 充电设备产业发展空间与格局

2.1 电动汽车充电设备产业链整体结构

目前我国电动汽车充电设备行业已构建上游设备元器件和零部件、中游充电桩整桩、下游运营商的三环节紧紧相扣的完整产业链。具体来说,三个环节分别为:

上游:主要为充电桩设备元器件供应商,包括充电模块、充电枪、断路器、开关电源、计量电表、直流接触器等零部件,具体来看充电模块的代表企业[①]有盛弘股份、英飞源、优优绿能、通合科技、永联科技、华为、中兴、特来电、英可瑞、麦格米特等企业。

中游:主要为充电桩整桩生产商,包括盛弘股份、华为、科华、永联科技、中能易电(易事特)、绿能慧充、英杰电气、道通科技、炬华科技等企业。

下游:主要为运营服务商及终端客户,具体运营商可分为以特来电、云快充、小桔充电、星星充电、依威能源为代表的专业化运营企业,以国家电网、南方电网、中国普天、中国铁塔为代表的国有运营企业,以比亚迪、特斯拉、蔚来、小鹏为代表的整车企业,以壳牌、英国石油公司(BP)、中石油、中石化、中海油等为代表的传统能源企业,以及以蔚来、奥动、协鑫电港、易易互联等为代表的换电运营企业五大类。充电设备产业链总览表见表2-1。

充电设备产业链总览表　　　　　　　　表2-1

产业链	环节	代表企业
上游	充电模块	盛弘股份、英飞源、优优绿能、通合科技、永联科技、华为、中兴、特来电、英可瑞、麦格米特等
上游	充电枪	菲尼克斯、沃尔核材、智电伟联、永贵电器、汇云科技等
上游	显示屏幕	欣瑞达、拓普微、晶讯、帝晶等
上游	断路器	良信电器、正泰集团、施耐德电气、ABB(中国)、西门子、德力西电气等
上游	开关电源	明纬电子、金升阳科技、普德新星、奥源等
上游	计量电表	国电南瑞、炬华科技、奥特迅、东方电子等
上游	直流接触器	东亚电子、安来强、百事宝、群英等
中游	集成制造	盛弘股份、华为、科华、永联科技、中能易电、绿能慧充、英杰电气、道通科技、炬华科技等
下游	专业化运营企业	特来电、云快充、小桔充电、星星充电、依威能源等
下游	整车企业	比亚迪、特斯拉、蔚来、小鹏等
下游	国有运营企业	国家电网、南方电网、中国普天、中国铁塔等
下游	传统能源企业	壳牌、英国石油(BP)、中石油、中石化、中海油等
下游	换电运营企业	蔚来、奥动、协鑫电港、易易互联等

---

① 为了表述简洁明了,企业名称统一用简称。

2.2 充电设备市场空间

2.2.1 国外市场情况

美国：充电桩存在较大需求缺口。在消费复苏的背景下，美国新能源汽车销量恢复高速正增长，美国新能源汽车保有量也由2016年的57万辆增长至2022年的296万辆；同年，车桩比高达18：1，存在较大的充电桩缺口。美国充电桩市场空间见图2-1。

市场空间=设备平均价格×预估设备增量

欧洲：充电桩建设力度不及新能源汽车增速，车桩比矛盾日益突显。欧洲新能源汽车销量由2016年的21.2万辆增长至2022年的260万辆，年复合增长率高达52.44%，2022年车桩比高达16：1，难以满足用户的日常充电需求。欧洲充电桩市场空间见图2-2。

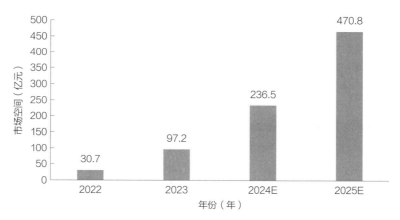

图2-1 美国充电桩市场空间

注：E代表估计、预计，下同。

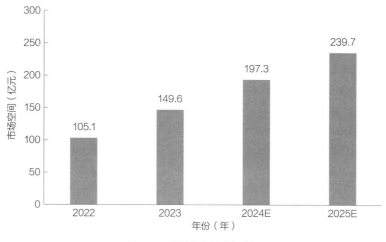

图2-2 欧洲充电桩市场空间

2.2.2 国内市场情况

我国充电桩市场空间见图2-3。

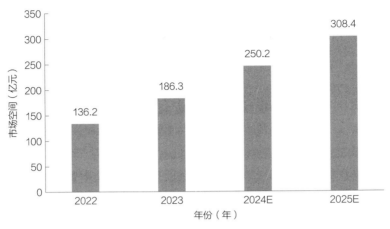

图2-3 我国充电桩市场空间

2.3 关键零部件国内市场空间

根据整桩市场空间推得各关键零部件的市场空间预测如图2-4~图2-11所示。

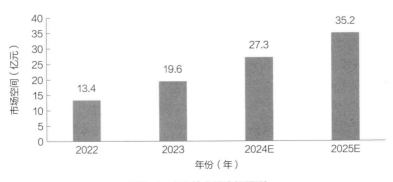

图2-4 充电枪市场空间预测

第 2 章 充电设备产业发展空间与格局

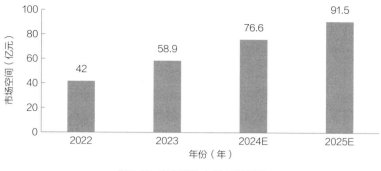

图2-5　充电模块市场空间预测

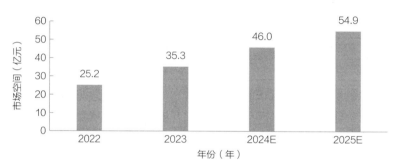

图2-6　功率器件市场空间预测

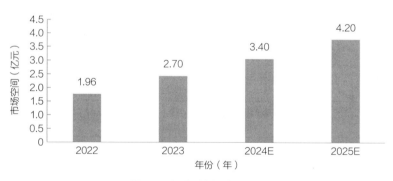

图2-7　断路器市场空间预测

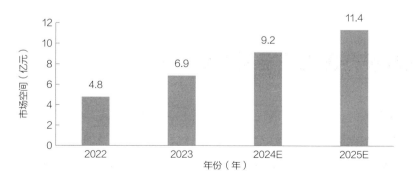

图2-8　接触器市场空间预测

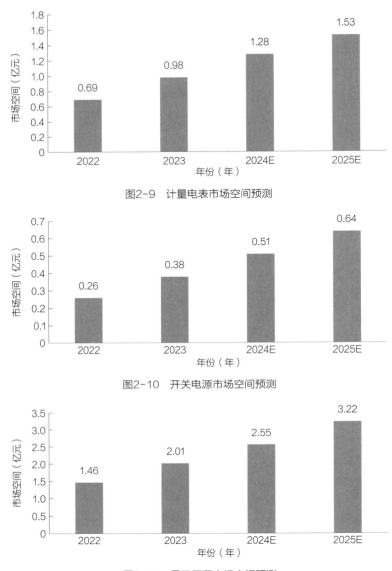

图2-9 计量电表市场空间预测

图2-10 开关电源市场空间预测

图2-11 显示屏幕市场空间预测

2.4 充电设备国内产业链区域分布

随着电动汽车销售量与保有量的迅速增长，充电需求开始不断增大，充电桩作为维持电动汽车运行的能源补给设施也"水涨船高"，市场由此迎来了大规模的增长。未来，随着电动汽车渗透率水平的持续提升，利好政策的不断落地，充电桩行业将进一步发展与扩张，市场前景广阔。国内充电桩整桩企业区域分布见表2-2。

国内充电桩整桩企业区域分布　　　　　　　表2-2

地区	充电桩整桩企业数量（家）	占比（%）
京津冀	40	9.3
中原	56	13.1
长三角	130	30.3
珠三角	107	24.9
其他	96	22.4

从我国电动汽车充电桩产业链企业区域分布来看，电动汽车充电桩行业产业链运营企业较为集中，主要分布在珠三角地区和长三角地区，其中广东为主要聚集地，充电模块和充电桩企业占比最多，其次是江苏、上海、浙江以及北京。此外，山东、安徽等中原地区也有部分充电设备相关企业。

在电动汽车销量节节高升的带动下，我国充电桩行业百花齐放，充电桩企业遍布全国。其中，珠三角地区为我国首批充电桩企业发源地，这得益于当地政府的大力推动及扶持，现已形成十分完善的充电桩产业链。因为珠三角地区充电桩企业数量非常多，且上下游高度集中，导致该地区充电桩价格竞争严重。长三角一带虽然起步稍有落后，但在以温州充电桩企业为代表的浙商的带领下，近些年快速发展，现已形成全国另一个非常重要的充电桩产业圈，并以极低的价格在全国突出重围，发展势头迅猛。不同于珠三角地区充电桩企业以设备销售为主，长三角地区充电桩的商业模式更加丰富，围绕以充电设备销售为主体的同时进行多元模式合作。南方遍地是充电桩企业，但中原地区的充电桩企业发展较晚，企业数量也较少，这部分充电桩企业主要专注于省内业务，价格也较珠三角地区、长三角地区略高些。

充电模块产业高度集中，以盛弘、华为、英飞源、优优为代表的深圳企业占据充电模块产业的52%，产值占比超过70%；另以通合为代表的石家庄企业也渐渐在充电模块行业崭露头角。国内充电模块企业区域分布见表2-3。

国内充电模块企业区域分布　　　　　　　表2-3

地区	充电模块企业数量（家）	占比（%）
京津冀	4	17.4
中原	4	17.4
长三角	3	13.0
珠三角	12	52.2
其他	0	0

珠三角地区的充电枪企业得益于当地政府的支持和产业基础，形成了较为完善的产业链。这些企业可能在技术创新、成本控制和市场响应速度方面具有优势。珠三角地区，尤其

是广东省，是充电枪企业的主要集中地。在列出的企业中，有多个企业位于广东，占比高达35%，显示出该地区在充电枪制造领域的强大实力和产业集群效应。国内充电枪企业区域分布见表2-4。

国内充电枪企业区域分布　　　　　　　　　　　　　　　　　　　　　　　　表2-4

地区	充电枪企业数量（家）	占比（%）
京津冀	1	3.0
中原	3	9.0
长三角	15	44.0
珠三角	12	35.0
其他	3	9.0

国内充电桩产业链区域分布见表2-5。

国内充电桩产业链区域分布　　　　　　　　　　　　　　　　　　　　　　　表2-5

地区	充电桩整桩企业占比（%）	充电模块企业占比（%）	充电枪企业占比（%）	其他配件企业占比（%）
京津冀	9.3	17.4	3.0	5
中原	13.1	17.4	9.0	7
长三角	30.3	13.0	44.0	40
珠三角	24.9	52.2	35.0	42
其他	22.4	0	9.0	6

珠三角地区的充电桩企业受益于当地政府的政策支持和市场需求，形成了较为成熟的充电基础设施产业链。这些企业可能在成本控制、技术创新和市场拓展方面具有优势。

长三角地区：长三角地区的充电桩企业在产品质量和服务方面可能有较高的标准，同时可能更加注重与客户的长期合作关系和商业模式的创新。

其他地区：其他地区的充电桩企业可能更专注于本地市场或特定的细分市场，具有较强的地域特色市场定位，同时也可能在寻求与珠三角地区和长三角地区企业的合作机会，以实现资源共享和市场扩张。

随着充电桩行业的发展，产业集群效应可能会进一步增强，珠三角地区和长三角地区的企业可能会吸引更多的上下游企业，形成更加紧密的产业链。为了保持竞争优势，各地区的充电桩企业可能会加大研发投入，推动技术创新和产品升级，以满足市场对高性能、高质量充电桩的需求。随着新能源汽车市场的不断扩大，充电桩企业可能会寻求更广泛的市场机会，包括国外市场，以实现业务的增长和扩张。政府的政策支持和新能源汽车推广计划将继续推动充电桩行业的发展，特别是在政策扶持力度较大的地区，充电桩企业可能会获得更多的发展机遇。

第 **3** 章

主要充电场景

3.1 按应用场景划分

3.1.1 城市社会运营充电场景

城市社会运营充电场站是电动汽车充电网络中的关键组成部分，它们通过提供高效的快速充电服务、智能化管理和优质的用户体验，来满足城市中心区域电动汽车密集使用的充电需求。这些场站不仅提升了充电的便捷性，也促进了城市电动汽车的广泛使用和绿色交通体系的发展。

城市社会运营充电场景的特点包括：

（1）**需求功率跨度大**：随着近年电动私家车开始爆发，近三年销量占比都超过80%，车辆款式和类型逐渐多样化，充电功率为30~540kW，跨度较大。

（2）**快速充电**：场站主要是满足电动网约车充电的需求，以及部分电动私家车的应急充电需求，车主来到这里的主要目的是充电，一般希望快速补能。

（3）**潮汐效应**：场站规模较大，充电负荷白天高峰，夜晚低谷，昼夜峰谷负荷差异明显，给电网带来较大压力。

（4）**充电设备要求及趋势**：城市社会运营场景属于集中式充电站，充电量极大，对设备能效水平要求较高，充电效率要在96%以上。针对需求功率跨度大、快速充电需求，可考虑采用大功率柔性共享充电堆，功率覆盖范围广，可以满足从0~800kW的充电功率需求，灵活性高，以快充为主，兼顾超充需求，同时响应大规模超充建设号召。对于昼夜电力负荷差异明显的问题，可采用光储充一体化系统，能够有效实现电力负荷的削峰填谷，提高运营收益，同时还提高了光伏绿电的占比。

未来，城市社会运营充电场站一定是高质量、高可投资性、可以不断升级演进的高智慧能源综合站，见图3-1、图3-2。

3.1.2 高速公路服务区充电场景

随着私家车逐渐成为新能源汽车的主力，充电需求也逐渐多样化，并从城市孤岛型向城际网络型渗透，跨城市的远途出行需求在不断增长，在高速公路服务区充电，将成为新能源汽车充电的重要场景。

高速公路服务区充电场景的特点包括：

（1）**潮汐效应**：其最大特点是节假日呈现充电潮汐现象，平日大多数时间车流量小，需求小；节假日期间，车流量猛增3~4倍，充电排队现象严重。

（2）**不易扩容**：高速公路服务区配电容量固定，位置偏远，电力扩容成本高，不足以满足大功率充电基础设施建设的要求。

第3章 主要充电场景

图3-1 重庆中石油首个液冷超充站

图3-2 武汉中海油首个商业充电站

（3）**功率低**：当前已有高速公路服务区充电站主要由国家电网、南方电网投资，充电桩功率主要为120kW，功率低，不满足大功率私家车的充电需求。

（4）**运维难**：高速公路服务区位置较偏，分布不集中，人力运维成本高，需提升智能运维能力及产品稳定性。

（5）**充电设备要求及趋势**：高速公路服务区充电站主要布局于室外，防护等级需在IP54以上；针对潮汐效应，可选择大功率充电堆，搭配400A风冷超充和600A液冷超充，兼容性高，充电翻台率高，有利于缓解排队现象；针对运维难的问题，可优先选择接入智能运维平台；针对电力扩容难的问题，产品需要具备光储充演进能力。针对目前节假日排队时间较长的现状，可在高速公路服务区适量投放灵活性高的移动充电机器人，能够自主移动到车辆所在位置，同时自带储能电池，减少排队充电现象。

高速公路服务区充电场景示例见图3-3、图3-4。

图3-3 重庆綦江高速服务区中石油充电站

图3-4 重庆华岩高速服务区中石油油电一体站

3.1.3 县域乡村充电场景

截至2023年10月，我国新能源汽车保有量达1821万辆，一线城市新能源汽车渗透率已超过40%，但在农村地区，新能源汽车渗透率还不足20%，新能源汽车下乡的市场空间广阔，未来将成为我国新能源汽车的主要增量市场。目前，广大农村地区的公共充电基础设施建设仍存在短板，因此补足县域乡村地区的充电基础设施短板是释放新能源汽车下乡市场消费潜力的重要举措。

县域乡村充电场景的特点包括：

（1）**利用率低**：一般出于成本和适用性考虑，新能源汽车下乡市场的车型，其电池容量、充电功率相对较低，并且此场景下的新能源汽车保有量较低，导致充电站利用率不高。

（2）**站点分散**：县域乡村充电场景的地域位置分散偏远，无法像城市一样集中充电，适合利用各地区零散的电力容量，建设多个分散式小规模站点。

（3）**运维难**：县域乡村充电场景位置较偏远，分布不集中，人力运维成本高，需提升智能运维能力及产品稳定性。

（4）**充电设备要求及趋势**：县域乡村充电场景的充电设备主要建设在室外，防护等级需在IP54以上；充电需求不高，电力扩容难，充电方式以慢充为主、快充为辅，优先配置7kW交流桩、20～60kW小直流的慢充组合设备，在县镇等相对集中度高的地区，需要根据实际需要考虑配置120kW以上的快充设备；针对运维难的问题，优先选择接入智能运维平台的设备。

县域乡村充电场景示例见图3-5、图3-6。

图3-5　安徽长丰县陈庄村村委会充电站

图3-6　广西北投宾阳县服务区充电站

3.1.4 居民区充电场景

私家车是未来交通电动化规模化发展的重要领域，截至2023年5月，国内新能源乘用车领域的新车销售市场渗透率已超过40%，居民区或办公区的充电需求日益凸显。

居民区充电场景的特点包括：

（1）挂网时间长：居民区充电场景具备长时间停车条件，一般对充电速度要求较低。

（2）噪声敏感：充电场景距离生活区较近，噪声过高会扰民，容易遭到投诉。

（3）管理难：大量充电设施为私人所有，且不支持有序充电功能，无法接受统一的调控和管理，形成规模后容易对电网造成较大冲击。

（4）电力容量有限：许多老旧小区电力容量有限，扩容会带来较高的成本。近年国家及地方层面皆相继出台政策，要求新建居民区要确保固定车位100%建设充电设施或预留安装条件，国家层面顶层设计在支持居民社区建设充电桩，为新能源私家车提供便利的充电条件。

（5）充电设备要求及趋势：居民区充电场景对充电速度要求低，一般配置慢充设备，以7kW交流桩为主、小功率直流快充桩为辅；针对管理难的问题，建议相关方统一规划建设、统一维护管理居民区充电设施，解决车主个人无序建桩、无序充电造成的安全问题，针对老旧小区电力配套不足，可选择应用约3.5kW功率的交流充电设备，并采用智能有序充电技术，降低电力增容改造费用，满足大规模电动汽车的充电需求。

居民区充电场站可以采取"统建统服"模式，由第三方运营商统一建设和管理，提高充电设施的运营效率和服务能力，并更有利于应用"有序充电"技术，降低充电设施的运营成本，减少对电网的冲击。长久来看，由于居民区充电场景具有车辆挂网时间长的特点，未来可能成为车网互动的主要应用场景。居民区充电场景示例见图3-7、图3-8。

图3-7 成都幸福桥TOD地下充电站

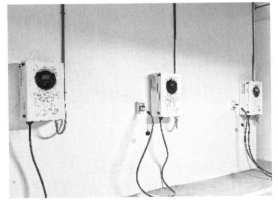

图3-8 浙江温州康养中心充电站

3.1.5 专用领域充电场景

新能源重型卡车的销量保持高速增长，但其市场渗透率却并不高，2022年、2023年都在5%左右，2024年1~5月已经达到8%，意味着未来几年随着重型卡车电动化的加快，新能源重型卡车市场将大有可为。以矿山（露天煤矿或地下矿井）、港口、炼钢厂和煤矿厂为代表的重型卡车应用场景纷纷处于电动化改造进程中，专用车充电市场逐步兴起。

专用领域充电场景的特点包括：

（1）**快速补能**：大型作业设备输出功率大，电池包容量一般在200~700kWh之间。而专用领域的车辆时间价值较高，花在充电补能上的时间需要尽可能少，因此充电设备需要足够大的充电功率与之匹配，从而提高充电速度。

（2）**环境恶劣**：专用领域一般环境恶劣，如矿山、工地等，空气中多包含粉尘、金属颗粒、盐雾、水汽等杂质，充电设备需要具有较强的环境适应性和自我防护能力，才可保证其稳定性。

（3）**充电设备要求及趋势**：针对大功率需求，可选择使用大功率一体式充电桩，双枪并充电流可达400~600A。如功率需求更大，也可选择大功率液冷超充设备，单枪峰值电流可达800A，提高运营效率。针对环境恶劣的问题，可选择应用灌胶模块或独立风道模块的设备，如预算充足，也可考虑选择防护性更好、寿命更长的全液冷设备。预计未来在专业领域充电场景中，兆瓦级充电需求会逐步兴起，并与换电的补能方式共存互补。

专用领域充电场景示例见图3-9、图3-10。

图3-9　云南曲靖煤矿液冷超充示范站

图3-10　河南郑州徐工重型卡车充电站

3.1.6　船舶充电场景

船舶工业一直以来都是一个传统而重要的行业，随着科技的不断发展，人们对船舶的需求也在不断提升。2022年9月27日，工业和信息化部等五部门联合发布《关于加快内河船舶绿色智能发展的实施意见》，推动船舶的电动化转型、电动船舶及其充电技术的应用正逐渐成为一种必不可少的趋势。

船舶充电场景的特点包括：

（1）**高压变频需要**：岸电桩技术需要解决高压变频、同期并网等关键技术问题。高压变频技术成本较高，技术难度也较大，这限制了岸电桩的广泛推广和应用。

（2）**环境恶劣**：岸电码头面临高温、高湿、高腐蚀性的恶劣用电环境，对设备的稳定性和耐久性提出了更高要求。

（3）**频率兼容**：不同国家用电频率不尽相同，如美国采用频率为60Hz交流电，而中国采用频率为50Hz交流电，这要求岸电充电桩能够兼容不同频率的电源。

（4）**多样化需求**：不同吨位的船舶需求的电压和功率接口也不同，电压需要满足从380V～10kV的跨度，功率也存在千伏安到兆伏安的不同需求。

（5）**充电设备要求及趋势**：港口码头通常是高温、高湿、高腐蚀性的恶劣用电环境，对充电设备防盐雾、防腐蚀的等级要求更高，外部防护采用不锈钢钣金，内部核心元器件例如模块使用灌胶模块、PCB板材增设三防漆涂层，同时使用独立风道技术，使元器件舱与风道舱隔离，延长元器件的使用寿命。

船舶需求的电压和功率大，充电设备需要具备较大功率多枪同充功能。

针对岸电桩充电线缆过长的问题，需要在岸电桩的规划和安装阶段，就考虑好电源箱、充电桩的位置以及线缆的长度，避免线缆过长，同时也可考虑增设专用收线助力器等。船舶充电场景示例见图3-11。

随着科技的不断进步，电动船舶在船舶工业中的应用将会越来越广泛，并为船舶行业的发展注入新的动力和活力。

图3-11　广东广州天字码头船舶充电站

3.2 按环境条件划分

3.2.1 沿海地区充电场景

沿海地区气候湿润多雨，海风大，环境恶劣，空气中含有大量的盐分，而盐分对金属材料的腐蚀作用严重，电气设备极易受潮、生锈等。因此，沿海地区的电气设备必须满足防护等级要求，以保证电气设备的稳定运行和使用寿命。在沿海地区，电气设备的防护等级至少要达到IP54级。对于一些需要防爆的设备，防护等级应达到IP65或更高。

沿海地区充电场景的解决方案包括：

（1）**灌胶模块和独立风道技术**：考虑使用灌胶模块，通过对元器件与电路板进行密封灌胶处理，隔离元器件与空气，以保护其免受外部环境影响。此技术仅在原有基础上增加灌胶工艺，改动较小，成本与原来相比变化不大；也可考虑使用独立风道模块，独立风道设计通过设置独立的风道舱，使用导热材料隔离元器件与风道舱，在保护元器件的同时，保证散热能力。

（2）**全液冷充电堆**：沿海地区由于海洋性气候的影响，夏季炎热潮湿，这可能导致充电设备过热。全液冷充电堆通过液体介质对设备进行冷却，相比传统的空气冷却系统，液体介质能更快地吸收和传导热量，有效地降低设备的温度，确保设备在最佳状态下运行，从而提高充电效率。

（3）**防护工艺**：沿海地区的充电桩，应优先选择不易生锈的材料。例如，采用镀锌钢板、不锈钢和铝合金等材料，增加喷粉厚度等工艺，都能够有效抵御污染和腐蚀。对于每一个零件都采用升级版防腐材料和防腐工艺，超标准满足防腐环境为ISO 12944要求的C3-M等级。

（4）**接地要求**：在沿海地区，电气设备的接地要求非常严格。地面上经常积水或含盐量较高，如果电气设备接地不良，容易导致漏电等安全事故。因此，沿海地区电气设备的接地要求更加严格，必须满足国家标准要求，接地电阻应小于4Ω。

总之，沿海地区的气候复杂，环境恶劣，对电气设备的设计提出了更高的要求，包括防护等级、材质选择、接地要求等方面。电气设备设计人员可根据实际情况从以上角度出发，严格按照国家标准进行设计和选型，确保电气设备的安全、可靠运行。沿海地区充电场景示例见图3-12、图3-13。

图3-12　海南海口海智联吾悦广场充电站

图3-13　海南海口中国铁塔乌兰酒店充电站

3.2.2　高海拔地区充电场景

海拔高度对电气设备的运行有显著影响，主要表现在绝缘、散热等方面。在绝缘影响方面：随着海拔升高，空气密度减小，导致空气的绝缘强度减弱。这会影响电气设备的外绝缘性能，尤其是在高原地区，太阳辐射和紫外线辐射的增加会加速有机绝缘材料的老化，进一步降低外绝缘强度和电晕起始电压；在散热影响方面：高海拔地区的空气稀薄，导致散热能力降低，温升增加。这会影响电气设备的热性能，尤其是对于依赖空气对流的散热方式，如模块舱，其散热性能会变差，可能导致设备局部温升过高，甚至烧坏部分器件。

高海拔地区充电场景的解决方案包括：

（1）**电气选型**：对电力电子器件的选型，应严格执行国家标准，从而保障充电桩的稳定运行。在材料及零配件的选择上，选用适用性高、可有效保障低压、低温环境下依然正常工作的产品，例如采用灌胶模块加大爬电距离及防护等级等。

（2）**结构设计**：高海拔地区的强紫外线会加速外壳和绝缘材料的老化，所以在机柜机壳的设计上，对塑料外壳材质以及喷粉厚度有更高要求。此外，应充分考虑高原气候对材料形变及爬电距离的影响，运用更适应高海拔气候的技术。例如，留有足够大的外绝缘强度余量，避免因高海拔空气密度下降造成外绝缘强度下降，器件之间应留有足够的间隙以避免低压环境造成不利影响等。同时还要加强散热设计，在同一工况下，高海拔地区的散热风量需要加大。

综上所述，高海拔地区对电气设备的绝缘、散热等方面都有影响，所以在电气选型和结构设计上提出了更高的要求，包括防护等级、材质选择等方面。高海拔地区充电场景示例见图3-14、图3-15。

图3-14 青海共和县海拔5200m下的中石油充电站

图3-15 西藏昌都海拔4253m下的旭日蓝鲸充电站

3.2.3 严寒地区充电场景

充电桩在严寒地区面临着一系列考验，低温可能导致充电桩的屏幕、电路、电缆、接口等部件出现冻结、膨胀、收缩等物理变化，进而引发充电桩故障、断电、冻结等问题，直接影响充电的效果和安全性。

与此同时，寒冷天气会对电动汽车的电池性能产生直接影响。温度下降会减缓电池的化学反应速度，使电解液的流动性降低，最终导致电池充电、放电效率下降，充电时间延长，甚至可能出现电量骤降的情况。

严寒地区充电场景的解决方案包括：

（1）**屏幕选型**：在低温严寒地区，屏幕易结冰而导致无法操作，极大影响用户的使用体验，对此，充电桩企业可选配耐低温屏幕，确保在-30℃的极端天气下仍能正常操作。

（2）充电枪选型：需要特别关注暴露在外的枪头，充电枪锁止机构易结冰，那么在充电时就容易出现绝缘故障。所以充电枪选型可选一体式，枪头的结构设计应防止湿水或结冰情况的发生。枪线常梳理，枪头常擦拭，在低温状态下，枪线会相对变硬。因此，建议运维人员或运营厂商经常到场站进行整理，确保枪线顺畅，防止充电车主无法解开。

（3）模块选型：在大雪天气中，由于雪更容易被吸附并飘入设备内部，融化后可能导致原本干燥的模块变得潮湿，甚至进水，从而导致主板烧毁。所以，对于采用通风散热的直流充电桩，无论是一体桩还是分体桩，建议采用灌胶充电模块。

（4）自动温度控制：充电桩企业会增设智能升温器，遇到温度过低时就自动发热来提高温度，这样可以避免在低温天气下受到的不利影响，保证电力电子元器件正常启动并稳定运行，提高充电桩的可用性。

（5）充电方式和充电时间的选择：不同充电方式在寒冷天气下表现各异。例如，快充能在短时间内为电池充入更多电量，同时产生的热量也能提高电池温度，缓解低温对电池性能的影响；慢充则可以避免电池受到过大电流冲击，保护电池寿命；而无线充能在无需接触的情况下给电池充电，避免充电桩接口受到冻结或腐蚀的影响，提高充电的便利性和安全性。

此外，选择合适的充电时间也是一项重要的考虑因素。白天或温度较高时充电，可以避免电池受到过低温度的影响，提高充电效率；而夜间或温度较低时充电，可以保护电池寿命，避免电池受到过高温度的影响。

总结而言，无论是充电桩还是电动汽车在寒冷天气下充电遇到问题，都有相应的解决办法。通过合理的电气选型、结构设计等，并采取一些有效的措施，可以提高电动汽车在寒冷天气下的充电性能和安全性能。电动汽车是未来出行的趋势，我们要在使用中不断优化选择，让电动汽车真正为生活带来更多的便利和乐趣。严寒地区充电场景示例见图3-16、图3-17。

图3-16　内蒙古呼和浩特气温-30℃下的中石油充电站

图3-17　沈阳国际会展中心气温-30℃下的充电站

第 4 章
充电设备标准

全球范围内的电动汽车充电设备标准，主要包括国际电工委员会（International Electro Technical Commission，IEC）（以下简称"国际电工委"）标准、欧洲电工标准化委员会（European Norm，EN）标准、美国汽车工程师协会（Society of Automotive Engineers，SAE）标准、日本电动汽车协会（CHArge de Move，CHAdeMO）标准以及我国国家标准，它们的主要区别在于它们制定标准的领域和范围不同。

4.1 海外标准概览

4.1.1 IEC/ISO标准体系

IEC是一个专门从事电气、电子和相关技术标准化工作的国际组织，负责制定与电气、电子技术相关的国际标准，涵盖电力、电子、通信、计算机等领域。IEC的标准通常以IEC为前缀，并由IEC成员国制定和采纳。IEC 61851系列标准是由IEC制定的国际上最早的充电设备标准，对其他国家充电设备标准的制定具有重要的参考意义。

ISO（International Organization for Standardization）是一个跨领域的国际标准化组织，宗旨是"在世界上促进标准化及其相关活动的发展，以便于商品和服务的国际交换，在智力、科学、技术和经济领域开展合作"。ISO致力于制定全球各个领域的标准，涵盖了几乎所有的行业和领域，包括质量管理、环境管理、信息技术、安全、医疗、食品安全等。ISO的标准以ISO为前缀，并由ISO成员国制定和采纳。

因此，IEC和ISO的区别在于领域和范围。IEC制定的标准主要关注电气、电子和相关技术，而ISO制定的标准则覆盖了更广泛的领域。不过，两者在标准制定过程和制定原则上都是相似的，都强调国际合作、公平、公正和透明。ISO的充电设备标准主要是ISO 15118系列标准。IEC/ISO标准概览见表4-1。

IEC/ISO标准概览　　　　　　　　　　　　表4-1

序号	标准编号	标准名称	标准内容
1	IEC 61851-1	电动汽车传导充电系统 第1部分：一般要求	规定了充电系统的通用要求，是IEC 61851系列标准的纲领性文件，适用于交流标称最大值为1000V、直流标称最大值为1500V的电动车辆车载和非车载充电设备，标准规定了电动汽车四种充电模式、三种充电连接方式和充电接口及其相关要求等
2	IEC 61851-21-1	电动汽车传导充电系统 第21-1部分：传导连接到交流/直流电源上的电动车辆车载充电机电磁兼容（EMC）要求	规定了对充电系统车载充电机的电磁兼容（EMC）要求

第4章 充电设备标准

续表

序号	标准编号	标准名称	标准内容
3	IEC 61851-21-2	电动汽车传导充电系统 第21-2部分：交流/直流电源导电连接的电动汽车要求．车外电动汽车充电系统的电磁兼容性要求	规定了对充电系统非车载充电机的电磁兼容（EMC）要求，但要求对象不涵盖无线充电系统
4	IEC 61851-23	电动汽车传导充电系统 第23部分：直流电动车辆充电站	规定了对充电系统直流充电设施的要求，包括直流充电桩的连接线缆和插头装置
5	IEC 61851-24	电动汽车传导充电系统 第24部分：直流电动汽车供电设备和电动汽车之间用于控制直流充电的数字通信	规定了对充电系统电动车辆和直流充电桩通信协议的要求
6	IEC 62752：2016	用于电动道路车辆2型充电的电缆控制和保护装置（IC-CPD）	主要规范了电动道路车辆在模式2充电时电缆内的控制和保护要求，确保充电过程的安全性和可靠性
7	ISO/IEC 15118	道路车辆．车辆到电网通信接口	此标准的不同部分共同构成了车辆到电网通信的技术框架
8	ISO/IEC 15118-1	道路车辆．车辆到电网通信接口 第1部分：一般信息和用例定义	
9	ISO/IEC 15118-2	道路车辆．车辆到电网通信接口 第2部分：网络和应用协议要求	
10	ISO/IEC 15118-3	道路车辆．车辆到电网通信接口 第3部分：物理和数据链路层要求	
11	ISO/IEC 15118-4	道路车辆．车辆到电网通信接口 第4部分：网络与应用协议一致性测试	
12	ISO/IEC 15118-5	道路车辆．车辆到电网通信接口 第5部分：物理层与数据链路层一致性测试	
13	ISO 15118-8	无线通信的物理层和数据链路层要求	
14	IEC 61980-1	电动汽车无线电力传输（WPT）系统 第1部分：通用要求	该标准规定了无线充电系统的基本要求，包括安全性、电磁兼容性、效率、通信和控制等方面
15	IEC 62196-1：2014	插头、插座、车辆连接器和车辆插孔 电动车辆传导充电 第1部分：一般要求	IEC 62196系列标准规定了对充电系统连接装置的要求，包括插头、插座、车辆耦合器和车辆插孔的一般要求、尺寸兼容性与互换性要求
16	IEC 62196-2：2016	插头、插座、车辆连接器和车辆插孔．电动车辆传导充电 第2部分：交流插头和接触管附件的尺寸兼容性和互换性要求	
17	IEC 62196-3：2014	插头、插座、车辆连接器和车辆插孔．电动车辆传导充电 第3部分：直流和交流/直流电销以及导电管车辆耦合器的尺寸兼容性与互换性要求	

序号	标准编号	标准名称	标准内容
18	IEC 62262	电器设备外壳对外界机械碰撞的防护等级	该标准适用于额定电压不超过72.5kV的电器设备外壳对外界机械碰撞的防护分级。包括对机械碰撞的防护等级、IK代码等术语的定义。防护等级的标志和要求：规定了电器设备外壳为保护内部设备因受到机械碰撞而产生有害影响所具备的防护等级的定义，以及每种标志的具体要求
19	IEC 62423	家用和类似用途的不带和带过电流保护的F型和B型剩余电流动作断路器	适用于家用和类似用途的F型和B型剩余电流动作断路器（RCD），包括不带和带过电流保护的设备。这些设备用于保护人身安全，防止因剩余电流引起的电气火灾等危害

4.1.2 海外各地区标准概览

受全球各地区社会发展状况、经济发展水平不同等因素，世界各国/地区采用的充电桩标准不一。目前主流的标准体系为IEC标准体系以及UL标准体系，并以此二者为基础，结合地区特征发展区域标准体系和相关认证要求，表4-2是一些主流地区的充电桩标准及其认证说明。

海外主流地区的充电桩标准及其认证要求　　　　表4-2

目标区域	所需认证	认证标志	主要遵循标准	认证要求
欧盟	CE	CE	EN 61851-1 EN 61851-23 EN 61851-24 EN 61851-21-2	CE认证是产品进入欧盟地区的必要资质和强制要求。取得CE认证意味着产品满足欧盟指令的规定要求（指令包含低电压指令LVD和电磁兼容指令EMC）。对于充电桩而言，EN 61851系列标准是充电桩厂家取得CE认证所需要遵循的标准
北美（美国和加拿大）	UL/ETL/cTüVus/cETLus/cULus等美标认证	UL / ETL / TÜV SÜD	直流桩： UL 2202 UL 2231 CSA C22.2 No.346：2022 交流桩： UL 2594 CSA C22.2 No.280：2022	UL、ETL和cTüVus认证是进入北美地区的安全规定认证，三者满足其一即可进入该地区进行销售或分销。不管是哪个认证，都是要按照UL 2202和UL 2231的标准进行产品设计
英国	UKCA	UKCA	BS EN IEC 61851-1 BS EN IEC 61851-23 BS EN IEC 61851-24 BS EN IEC 61851-21-2	UKCA认证是英国脱欧后的产物，制造商需要在产品上粘贴UKCA标识以证明该产品符合英国法规要求。一般此标识可以通过将CE证书转为报告来获得

续表

目标区域	所需认证	认证标志	主要遵循标准	认证要求
澳大利亚，新西兰	RCM		IEC 61851-1 IEC 61851-23 IEC 61851-24 IEC 61851-21-2	RCM认证是澳大利亚和新西兰使用的认证标识，以证明产品满足当地的安全规定以及电磁兼容规定，是强制性的要求。一般情况下需要在产品标签商处进行体现
日本	CHAdeMO		CHAdeMO	日本的充电桩要求不同于其他国家与地区。CHAdeMO认证是根据日本本土的CHAdeMO标准来完成认证的，其并不依附于IEC标准或者UL标准，且该认证标准仅针对直流充电桩而言，认证难度较大
新加坡	TR25认证		TR25：2022	新加坡地区的准入认证，属于强制认证
阿联酋	ADQCC		IEC 61851-1 IEC 61851-23 IEC 61851-24 IEC 61851-21-2	在阿联酋地区进行销售或者分销充电桩所必需的认证，需要本地企业进行申请。一般需要制造商的授权书以及IEC体系的测试证书和报告等材料进行申请
马来西亚	CE		EN 61851-1 EN 61851-23 EN 61851-24 EN 61851-21-2	马来西亚将CE证书作为产品准入门槛，取得CE认证后可正常在境内销售
俄罗斯	EAC		IEC 61851-1 IEC 61851-23 IEC 61851-24 IEC 61851-21-2	俄罗斯要求产品必须满足EAC海关联盟认证，该认证属于出口的强制性认证，可以由IEC报告转为EAC认证，但需有当地代理人持证

以上只是一些常见地区充电桩的相关标准及认证要求。一般来说，在海外要拿到充电桩的认证标识，制造商需要根据不同行业标准，进行多项不同的测试。以CE认证为例，制造商需要满足低电压指令以及电磁兼容两部分的认证测试后，方可拿到最后的CE标识。另外，出口的充电桩一般会配备一些无线设备，比如路由器、读卡器等。目前大部分国家和地区都有自己的无线指令要求，比如欧盟的RED，美国的FCC-ID等，这些都属于强制性的认证要求。除了以上对于充电桩本身的强制认证要求外，对于出口的中国制造商，部分国家或地区还需要满足其本土的特殊要求，个别地区的特殊标准及认证要求见表4-3。

个别地区特殊标准及认证要求　　　　表4-3

目标国家/区域	所需认证	认证要求
德国	德国计量法（Eichrecht）	目前在德国的公共运营场站都需要满足德国计量法。该认证要求制造商保证充电桩的计量精度，从而保障车主的权益，减少损失。目前该认证需要由本土权威实验室如PTB、VDE等进行形式测试以及工厂资质审核来完成
美国	能源之星（Energy Star）	能源之星是美国政府推行的一项政府计划，旨在更好地保护生存环境，节约能源。针对充电桩而言，目前此法规非强制
美国加利福尼亚州	加州类型评估计划（CTEP）	该计划主要针对在美国加利福尼亚州公共运营的充电桩的计量法规要求，旨在保证充电桩的计量准确性，保护消费者权益。满足CTEP也是美国加利福尼亚州部署国家电动汽车基础设施公式计划NEVI的必要条件之一
新加坡	无异议信（LNO）	充电桩若想在新加坡进行公开运营使用，需要获得新加坡陆路交通局（LTA）授权的无异议信（LNO）。该申请需要首先获得新加坡的充电桩认证TR25，然后使用该认证证书以及测试报告，由新加坡本地公司申请注册

综合以上充电桩强制认证以及其他各类申请或者列名，以地理格局划分，可以得到海外标准体系区域总结，见表4-4。

海外标准体系区域总结　　　　表4-4

区域	特点总结
欧洲	欧洲遵循IEC体系下的标准，可以完成CE认证的机构较多，但认证难度较高。同时各国会设置相应门槛，如计量法等法规，来限制外来企业抢占本土制造商份额
北美	北美遵循UL体系下的标准，目前可完成UL标准的主流机构为UL[1]、ETL[2]、TüV[3]等权威机构。认证难度比CE认证难度更高。具体到美国市场还面临着BABA法案[4]、CTEP法案[5]等限制，整体难度极高
东南亚	东南亚地区采用IEC体系的标准进行规定，其中以新加坡认证体系较为完备。除此之外大多数国家可以接受CE认证，但是会在此基础上增加一些当地申请或者列明。难度较之欧洲以及北美要小

[1] UL：美国保险商试验所（Underwriter Laboratories Inc., UL）。
[2] ETL：美国电子测试实验室（Electrical Testing Laboratories, ETL）。
[3] TüV：德国技术检验协会（Technischer Überwachungs-Verein, TüV）。
[4] BABA法案：建设美国、购买美国（Build America, Buy America, BABA）法案。
[5] CTEP法案：加州类型评估计划（California Type Evaluate Plan, CTEP）法案。

总的来说，海外充电桩认证种类以及相关标准较多，需要出口制造商明确自身定位和目标市场，有针对性地开拓与深耕，使得业务开展事半功倍。

4.2 国内标准概览

4.2.1 行业组织介绍

1. 中国电动汽车充电基础设施促进联盟

中国电动汽车充电基础设施促进联盟（以下简称"充电联盟"）成立于2015年10月，是由国内主要电动汽车制造商、电网企业、通信服务商、充电设施制造商、充电运营服务商、第三方机构、相关社团组织本着"自愿、平等、合作、互惠"的原则，发起成立具有一定组织协调能力的非营利性社团组织，业务指导单位是国家能源局。

2．中国电力企业联合会

中国电力企业联合会（以下简称"中电联"）是以全国电力企事业单位和电力行业性组织为主体，自1988年成立以来，中电联受国家政府部门委托归口管理电力行业相关的国家、行业标准。其中，2010年6月，国家能源局批复成立能源行业电动汽车充电设施标准化技术委员会，编号为NEA/TC3。该委员会主要负责研究电动汽车充电设施标准的体系建设、标准制定修订和储能装置在电动汽车上的应用等标准化工作。

3．全国汽车标准化技术委员会

全国汽车标准化技术委员会（以下简称"汽标委"）负责我国汽车、摩托车等道路机动车辆标准的归口管理工作，是我国政府进行汽车行业管理的重要技术支撑机构。全国汽车标准化技术委员会秘书处设在中国汽车技术研究中心有限公司，全国汽车标准化技术委员会作为协助政府参与国际汽车标准法规协调的窗口组织和承担单位，是我国汽车行业开展标准国际交流和双边、多边合作的执行机构。

4．中国汽车工业协会

中国汽车工业协会（以下简称"中汽协"）成立于1987年5月，是经中华人民共和国民政部批准的社团组织，具有社会团体法人资格，总部设在北京，是在中国境内从事汽车（摩托车）整车、零部件及汽车相关行业生产经营活动的企事业单位和团体在平等自愿基础上依法组成的自律性、非营利性的社会团体。

4.2.2 充电标准概览表

国内充电标准概览见表4-5。

国内充电标准概览　　　　表4-5

类型		序号	标准编号	标准名称	国标（行标、团标）国际	状态	归口单位
基础通用	术语	1	GB/T 29317—2021	电动汽车充换电设施术语	GB	已发布	中电联
	标志标识	2	GB/T 31525—2015	图形标志 电动汽车充换电设施标志	GB	已发布	中电联
	安全	3	GB/T 37295—2019	城市公共设施 电动汽车充换电设施 安全技术防范系统要求	GB	已发布	中电联
		4	GB/T 40032—2021	电动汽车换电安全要求	GB	已发布	汽标委
		5	GB/T 39752—2021	电动汽车供电设备安全要求及试验规范	GB	已发布	中电联

续表

类型		序号	标准编号	标准名称	国标（行标、团标）国际	状态	归口单位
基础通用	安全	6	IEC TS 62840-1	电动汽车电池更换系统 第1部分：通用要求	IEC	已发布	国际电工委
		7	IEC TS 62840-2	电动汽车电池更换系统 第2部分：安全要求	IEC	已发布	国际电工委
	动力电池箱	8	GB/T 34013—2017	电动汽车用动力蓄电池产品规格尺寸	GB	已发布	汽标委
		9	GB/T 40098—2021	电动汽车更换用动力蓄电池箱编码规则	GB	已发布	中电联
		10	—	汽车用动力电池编码标准	GB	拟制定	中电联
		11	NB/T 33024—2016	电动汽车用动力锂离子蓄电池检测规范	NB	已发布	中电联
		12	NB/T 33025—2020	电动汽车快速更换电池箱通用要求	NB	已发布	中电联
		13	NB/T 10436—2020	电动汽车快速更换电池箱冷却接口通用技术要求	NB	已发布	中电联
		14	—	电动汽车快速更换电池箱规格尺寸	CEC	拟制定	中电联
		15	NB/T 10435—2020	电动汽车快速更换电池箱锁止机构通用技术要求	NB	已发布	中电联
		16	GB/T 34014—2017	汽车动力蓄电池编码规则	GB	已发布	汽标委
		17	—	换电式纯电动重型卡车 电池箱连接器	CEC	制定中	中电联
		18	—	纯电动乘用车车载换电系统互换性 第4部分：换电电池包	QC	制定中	汽标委
		19	QC/T 1201.4—2023	纯电动商用车车载换电系统互换性 第4部分：换电电池包	QC	已发布	汽标委
	充/换电系统与设备	20	GB/T 33341—2016	电动汽车快换电池箱架通用技术要求	GB	已发布	中电联
		21	—	电动汽车电池更换用电池箱架通用技术要求	GB	制定中	中电联
		22	NB/T 33006—2013	电动汽车电池箱更换设备通用技术要求	NB	已发布	中电联
		23	NB/T 33026—2016	电动汽车模块化电池仓技术要求	NB	已发布	中电联
		24	NB/T 33027—2016	电动汽车模块化充电仓技术要求	NB	已发布	中电联
		25	NB/T 10434—2020	纯电动乘用车底盘式电池更换系统通用技术要求	NB	已发布	中电联
		26	NB/T 10903—2021	电动汽车电池更换站 安全要求	NB	已发布	中电联
		27	NB/T 10904—2021	电动汽车电池更换站 结构和用例	NB	已发布	中电联

续表

类型		序号	标准编号	标准名称	国标（行标、团标）国际	状态	归口单位
基础通用	充/换电系统与设备	28	QC/T 1204.3—2024	纯电动乘用车车载换电系统互换性 第3部分：换电机构	QC	已发布	汽标委
		29	QC/T 1201.3—2023	纯电动商用车车载换电系统互换性 第3部分：换电机构	QC	已发布	汽标委
		30	—	换电站车辆信息识别技术要求	NB	制定中	中电联
		31	—	纯电动乘用车快换装置通用技术要求	CEC	制定中	中电联
	车辆通用平台	32	—	纯电动乘用车换电通用平台 第1部分：车辆	QC	制定中	汽标委
		33	—	纯电动乘用车换电通用平台 第2部分：电池包	QC	制定中	汽标委
		34	—	纯电动乘用车换电通用平台 第3部分：车辆与设施的通信	QC	制定中	汽标委
		35	QC/T 1205.4—2024	纯电动乘用车换电通用平台 第4部分：电池包与设施的通信	QC	已发布	汽标委
		36	—	纯电动商用车换电通用平台 第1部分：车辆	QC	拟制定	汽标委
		37	—	纯电动商用车换电通用平台 第2部分：电池包	QC	拟制定	汽标委
		38	—	纯电动商用车换电通用平台 第3部分：车辆与设施的通信	QC	拟制定	汽标委
		39	—	纯电动商用车换电通用平台 第4部分：电池包与设施的通信	QC	拟制定	汽标委
	充电设备	40	GB/T 18487.1—2023	电动汽车传导充电系统 第1部分：通用要求	GB	已发布	中电联
		41	NB/T 10905—2021	电动汽车充电设施故障分类及代码	NB	已发布	汽标委
		42	NB/T 33020—2015	电动汽车动力蓄电池箱用充电机技术条件	NB	已发布	汽标委
		43	NB/T 33001—2018	电动汽车非车载传导式充电机技术条件	NB	已发布	中电联
		44	NB/T 33008.1—2018	电动汽车充电设备检验试验规范 第1部分：非车载充电机	NB	已发布	中电联
		45	NB/T 33008.2—2018	电动汽车充电设备检验试验规范 第2部分：交流充电桩	NB	已发布	中电联
		46	GB/T 34658—2017	电动汽车非车载传导式充电机与电池管理系统之间的通信协议一致性测试	NB	已发布	中电联
		47	GB/T 27930—2023	非车载传导式充电机与电动汽车之间的数字通信协议	GB	已发布	中电联
		48	GB/T 40425.1—2021	电动客车顶部接触式充电系统 第1部分：通用要求	GB	已发布	中电联

续表

类型	序号	标准编号	标准名称	国标（行标、团标）国际	状态	归口单位
基础通用	49	GBT 34657.1—2017	电动汽车传导充电互操作性测试规范 第1部分：供电设备	GB	已发布	中电联
	50	GB/T 40432—2021	电动汽车用传导式车载充电机	GB	已发布	汽标委
	51	T/CEC 212—2019	电动汽车交直流充电桩低压元件技术要求	CEC	已发布	中电联
	52	T/CEC 213—2019	电动汽车交流充电桩高温沿海地区特殊要求	CEC	已发布	中电联
	53	T/CEC 214—2019	电动汽车非车载充电机高温沿海地区特殊要求	CEC	已发布	中电联
充电设备	54	GB/T 38775.1—2020	电动汽车无线充电系统 第1部分：通用要求	GB	已发布	汽标委
	55	GB/T 38775.2—2020	电动汽车无线充电系统 第2部分：车载充电机和无线充电设备之间的通信协议	GB	已发布	中电联
	56	GB／T 38775.3—2020	电动汽车无线充电系统 第3部分：特殊要求	GB	已发布	中电联
	57	GB／T 38775.4—2020	电动汽车无线充电系统 第4部分：电磁环境限值与测试方法	GB	已发布	中电联
	58	GB/T 38775.5—2021	电动汽车无线充电系统 第5部分：电磁兼容性要求和试验方法	GB	已发布	汽标委
	59	GB/T 38775.6—2021	电动汽车无线充电系统 第6部分：互操作性要求及测试 地面端	GB	已发布	中电联
	60	GB/T 38775.7—2021	电动汽车无线充电系统 第7部分：互操作性要求及测试 车辆端	GB	已发布	汽标委
	61	GB/T 38775.8—2023	电动汽车无线充电系统 第8部分：商用车应用特殊要求	GB	已发布	中电联
充电接口	62	GB/T 20234.1—2023	电动汽车传导充电用连接装置 第1部分：通用要求	GB	已发布	汽标委
	63	GB/T 20234.2—2015	电动汽车传导充电用连接装置 第2部分：交流充电接口	GB	已发布	汽标委
	64	GB/T 20234.3—2023	电动汽车传导充电用连接装置 第3部分：直流充电接口	GB	已发布	汽标委
	65	GB/T 20234.4—2023	电动汽车传导充电用连接装置 第4部分：大功率直流充电接口	GB	已发布	汽标委
换电接口	66	GB/T 32879—2016	电动汽车更换用电池箱连接器通用技术要求	GB	已发布	中电联
	67	GB/T 32895—2016	电动汽车快换电池箱通信协议	GB	已发布	中电联
	68	—	纯电动乘用车车载换电系统互换性 第1部分：换电电气 接口	QC	制定中	汽标委
	69	QC/T 1204.2—2024	纯电动乘用车车载换电系统互换性 第2部分：换电冷却 接口	QC	已发布	汽标委

续表

类型		序号	标准编号	标准名称	国标（行标、团标）国际	状态	归口单位
基础通用	换电接口	70	QC/T 1201.1—2023	纯电动商用车车载换电系统互换性 第1部分：换电电气接口	QC	已发布	汽标委
		71	QC/T 1201.2—2023	纯电动商用车车载换电系统互换性 第2部分：换电冷却接口	QC	已发布	汽标委
		72	GB/T 32896—2016	电动汽车动力仓总成通信协议	GB	已发布	中电联
		73	—	电动汽车更换用电池箱连接器用例	CEC	拟制定	中电联
		74	IEC TS 63066	电动汽车电池更换系统连接器	IEC	制定中	国际电工委
		75	QC/T 1204.5—2024	纯电动乘用车车载换电系统互换性 第5部分：车辆与电池包的通信	QC	已发布	汽标委
		76	QC/T 1201.5—2023	纯电动商用车车载换电系统互换性 第5部分：车辆与电池包的通信	QC	已发布	汽标委
	兼容性	77	—	纯电动乘用车换电兼容性测试规范	QC	拟制定	汽标委
		78	—	纯电动商用车换电兼容性测试规范	QC	拟制定	汽标委
	换电设施检测	79	—	换电系统（快换电池箱、车辆、换电系统）兼容性测试规范	NB	拟制定	中电联
充换电站及服务网络	充/换电站	80	T/CECS 508—2018	居住区电动汽车充电设施技术规程	CEC	已发布	中电联
		81	GB/T 51313—2018	电动汽车分散充电设施工程技术标准	GB	已发布	中电联
		82	GB/T 29781—2013	电动汽车充电站通用要求	GB	已发布	中电联
		83	NB/T 33022—2015	电动汽车充电站初步设计内容深度规定	NB	已发布	中电联
		84	NB/T 10905—2021	电动汽车充电设施故障分类及代码	NB	已发布	中电联
		85	NB/T 33009—2013	电动汽车充换电设施建设技术导则	NB	已发布	中电联
		86	NB/T 33018—2015	电动汽车充换电设施供电系统技术规范	NB	已发布	中电联
		87	NB/T 33005—2013	电动汽车充电站及电池更换站监控系统技术规范	NB	已发布	中电联
		88	NB/T 33007—2013	电动汽车充电站/电池更换站监控系统与充换电设备通信协议	NB	已发布	中电联
		89	GB/T 29772—2013	电动汽车电池更换站通用技术要求	GB	已发布	中电联
		90	GB/T 51077—2015	电动汽车电池更换站设计规范	GB	修订中	中电联

续表

类型		序号	标准编号	标准名称	国标（行标、团标）国际	状态	归口单位
充换电站及服务网络	服务网络	91	GB/T 40855—2021	电动汽车远程服务与管理系统信息安全技术要求及试验方法	GB	已发布	汽标委
		92	GB/T 37293—2019	城市公共设施电动汽车充换电设施运营管理服务规范	GB	已发布	中电联
		93	—	电动汽车与充换电服务网络信息交互用车载终端通用技术条件	GB	制定中	汽标委
		94	—	电动汽车充换电服务网络运营管理系统间数据交换	GB	制定中	中电联
		95	NB/T 33017—2015	电动汽车智能充换电服务网络运营监控系统技术规范	NB	已发布	中电联
		96	T/CEC 102.1—2021	电动汽车充换电服务信息交换 第1部分：总则	CEC	已发布	中电联
		97	T/CEC 102.2—2021	电动汽车充换电服务信息交换 第2部分：公共信息交换规范	CEC	已发布	中电联
		98	T/CEC 102.3—2021	电动汽车充换电服务信息交换 第3部分：业务信息交换规范	CEC	已发布	中电联
		99	T/CEC 102.4—2021	电动汽车充换电服务信息交换 第4部分：数据传输与安全	CEC	已发布	中电联
		100	T/CEC 102.5—2021	电动汽车充换电服务信息交换 第5部分：充电服务凭证技术规范	CEC	已发布	中电联
		101	T/CEC 102.6—2021	电动汽车充换电服务信息交换 第6部分：充换电设备接入充电服务平台技术规范	CEC	已发布	中电联
		102	T/CEC 102.7—2021	电动汽车充换电服务信息交换 第7部分：充换电服务平台与电动汽车服务平台信息接口技术规范	CEC	已发布	中电联
		103	T/CEC 102.8—2021	电动汽车充换电服务信息交换 第8部分：管理信息接口规范	CEC	已发布	中电联
		104	T/CEC 102.9—2021	电动汽车充换电服务信息交换 第9部分：管理信息平台功能规范	CEC	已发布	中电联
		105	T/CEC 102.10—2021	电动汽车充换电服务信息交换 第10部分：电动汽车即插即充应用场景	CEC	已发布	中电联

续表

类型		序号	标准编号	标准名称	国标（行标、团标）国际	状态	归口单位
建设与运行	计量	106	—	电动汽车更换用电池箱电能计量规范	CEC	拟制定	中电联
		107	GB/T 28569—2012	电动汽车交流充电桩电能计量	GB	已发布	中电联
		108	GB/T 36277—2018	电动汽车车载静止式直流电能表技术条件	GB	已发布	中电联
		109	GB/T 29318—2012	电动汽车非车载充电机电能计量	GB	已发布	中电联
		110	JJG 1148—2022	电动汽车交流充电桩检定规程（试行）	JJG	已发布	中电联
		111	JJG 1149—2022	电动汽车非车载充电机检定规程（试行）	JJG	已发布	中电联
	电能质量	112	GB/T 29316—2012	电动汽车充换电设施电能质量技术要求	GB	已发布	中电联
	与电网互动	113	GB/T 36278—2018	电动汽车充换电设施接入配电网技术规范	GB	已发布	中电联
		114	NB/T 33021—2015	电动汽车非车载充放电装置技术条件	GB	已发布	汽标委
		115	GB/T 33598.3—2021	车用动力电池回收利用再生利用 第3部分：放电规范			
		116	—	电动汽车智能车载终端车与充换电设施互动控制技术条件	GB	拟制定	中电联
		117	—	电动汽车电池更换站与电网协调调度导则	NB	拟制定	中电联
	运行管理	118	NB/T 33019—2021	电动汽车充换电设施运行管理规范	NB	已发布	中电联
		119	GB/T 37293—2019	城市公共设施 电动汽车充换电设施运营管理服务规范	GB	已发布	中电联
		120	NB/T 33023—2015	电动汽车充换电设施规划导则	NB	已发布	中电联
	施工验收	121	GB 50067—2014	汽车库、修车库、停车场设计防火规范	GB	已发布	中电联
		122	NB/T 33004—2020	电动汽车充换电设施工程施工和竣工验收规范	NB	已发布	中电联
		123	NB/T 33009—2021	电动汽车充换电设施建设技术导则	NB	已发布	中电联
		124	NB/T 10901—2021	电动汽车充电设备现场检验技术规范	NB	已发布	中电联
		125	GB/T 40428—2021	电动汽车传导充电电磁兼容性要求和试验方法	GB	已发布	汽标委
		126	T/CAAMTB 55—2021	电动乘用车共享换电站建设规范	CAAMTB	已发布	中汽协
		127	T/CAAMTB 97.1—2022	电动中重卡共享换电车辆及换电站建设技术规范 第1部分：总则	CAAMTB	已发布	中汽协

续表

类型		序号	标准编号	标准名称	国标（行标、团标）国际	状态	归口单位
建设与运行	施工验收	128	T/CAAMTB 97.2—2022	电动中重卡共享换电车辆及换电站建设技术规范 第2部分：换电车辆换电电池箱技术要求	CAAMTB	已发布	中汽协
		129	T/CAAMTB 97.3—2022	电动中重卡共享换电车辆及换电站建设技术规范 第3部分：换电车辆换电底托技术要求	CAAMTB	已发布	中汽协
		130	T/CAAMTB 97.4—2022	电动中重卡共享换电车辆及换电站建设技术规范 第4部分：换电车辆换电连接器技术要求	CAAMTB	已发布	中汽协
		131	T/CAAMTB 97.5—2022	电动中重卡共享换电车辆及换电站建设技术规范 第5部分：换电车辆换电控制器技术要求	CAAMTB	已发布	中汽协
		132	T/CAAMTB 97.6—2022	电动中重卡共享换电车辆及换电站建设技术规范 第6部分：车辆识别系统要求	CAAMTB	已发布	中汽协
		133	T/CAAMTB 97.7—2022	电动中重卡共享换电车辆及换电站建设技术规范 第7部分：换电系统与装置技术要求	CAAMTB	已发布	中汽协
		134	T/CAAMTB 97.8—2022	电动中重卡共享换电车辆及换电站建设技术规范 第8部分：换电站换电设备技术要求	CAAMTB	已发布	中汽协
		135	T/CAAMTB 97.9—2022	电动中重卡共享换电车辆及换电站建设技术规范 第9部分：换电电池包通信协议要求	CAAMTB	已发布	中汽协
		136	T/CAAMTB 97.10—2022	电动中重卡共享换电车辆及换电站建设技术规范 第10部分：数据安全管理技术要求	CAAMTB	已发布	中汽协
		137	T/CAAMTB 97.11—2022	电动中重卡共享换电车辆及换电站建设技术规范 第11部分：安全防护及应急要求	CAAMTB	已发布	中汽协
		138	T/CAAMTB 97.12—2022	电动中重卡共享换电车辆及换电站建设技术规范 第12部分：换电站规划布局要求	CAAMTB	已发布	中汽协
		139	T/CAAMTB 97.13—2022	电动中重卡共享换电车辆及换电站建设技术规范 第13部分：换电站安全运营、设备运输和安装要求	CAAMTB	已发布	中汽协

4.3 计量强检要求

4.3.1 计量强检目的

电动汽车充电设备计量强检的目的主要为：保证电能计量的一致性和准确性、保障消费者权益，维护市场公平竞争、促进电动汽车产业健康发展。

4.3.2 计量强检政策

国家市场监督管理总局于2020年发布《市场监管总局关于调整实施强制管理的计量器具目录的公告》(2020年第42号)，其中规定电动汽车充电桩延期至2023年1月1日起实行强制检定。

4.3.3 计量强检范围

强制检定的范围为直接向社会提供充电服务的贸易结算用充电桩（含电动汽车交流充电桩和电动汽车非车载充电机）。家庭或单位内部使用等非向社会提供充电服务的充电桩不在强制检定范畴。

4.3.4 计量强检标准

检定机构必须严格按照《中华人民共和国计量法》第九条规定和计量检定规程《电动汽车交流充电桩（试行）》JJG 1148—2022、《电动汽车非车载充电机（试行）》JJG 1149—2022开展计量检定工作。

4.3.5 计量强检具体内容

电动汽车充电设备采用周期检定，检定内容包括外观及功能检查、工作误差、时钟时刻误差等。

具体的检定内容包括：

（1）外观检查

检查充电桩的外观是否完好，有无明显的损坏、变形或腐蚀。

确认充电桩的标识、铭牌信息是否清晰、准确，包括型号、规格、生产厂家、出厂编号等。

（2）功能检查

测试充电桩的启动、停止功能是否正常。

检查充电接口的连接和断开是否顺畅，有无卡滞现象。

（3）计量准确性检定

对充电桩输出的电能进行测量，与充电桩显示的电能值进行对比，检定电能计量的准确性。

检测充电桩的电流、电压测量精度。

（4）时钟准确性检定

检查充电桩的时钟是否准确，与标准时间的偏差是否在允许范围内。

（5）数据存储与传输功能检定

验证充电桩是否能正确存储充电过程中的相关数据，如充电时间、电量、电流、电压等。测试数据传输功能，确保能够将数据准确传输到相关管理平台。

（6）安全性能检查

检查充电桩的接地是否良好，绝缘性能是否符合要求，以保障使用安全。

4.3.6 计量强检标志

凡经过强制检定的充电桩会在醒目处张贴"强检标志"，扫描标志上的二维码可以看到相应强检证书。显示为"检定证书"即为合格的充电桩，显示为"检定结果通知书"即为不合格的充电桩。

4.3.7 计量强检周期

强制检定的充电桩检定周期为3年，检定证书到期后需重新申请检定。

4.3.8 计量强检宗旨

电动汽车充电设备计量强检要求旨在确保充电设备量值的准确性和可靠性，保障消费者权益和公共安全。通过明确的强检范围、内容、周期、机构和流程等要求，可以实现对电动汽车充电设备的有效监管和管理。

4.4 国内标准变化趋势

《电动汽车传导充电系统 第1部分：通用需求》GB/T 18487.1的2015年版到2023年版的变化主要有以下几方面：

1. 更新需求

随着电动车充电技术日新月异的发展，充电技术和需求呈现多样性。首先，原2015年版国标的部分内容已经与现有及未来技术需求不匹配，一些需求并未涉及相关内容，无法给予行业发展指导性依据。如超级充电、即插即充、V2G双向充放电、有序充电等。其次，2015年版国标在系统安全问题方面也有欠缺和未明确的地方，如PE①断针及人体PE检测、绝缘检测工作方式、故障及紧急停机条件等要求不够明确或依据不再适合现在及未来要求。再次，电动汽车和充电桩全球市场流通性加强，不同国家及区域的充电接口标准各不相同。我们的国标与欧标、美标、日标等其他标准的协调统一性亟须加强，这也是国标需要更新的一个重要原因。

2. 关键部分对比

在新的标准中，"前言"中对标准内容的修改增删都进行了明确的说明，完整详细的细节对比无需再一次赘述。在技术应用的层面，对标准修订的关键部分进行说明并称述变化趋势和影响，目的是让行业相关人士直接明了地了解标准变化和行业发展趋势。

《电动汽车传导充电系统 第1部分：通用要求》GB/T 18487.1的2023年版与2015年版在交流桩部分的对比变化见表4-6。

表4-6 GB/T 18487.1的2023年版与2015年版在交流桩部分的对比变化

	2023年版		2015年版	注意事项
5.1.2	模式2：电源侧使用符合GB/T 11918.1和GB/T 11918.2要求的标准插头插座时输出不应超过32A；模式2充电系统使用标准插头连接标准插座，能量传输过程中应采用单相交流供电。电源侧使用符合GB/T 2099.1和GB/T 1002或NB/T 10202要求的10A标准插头插座时输出不应超过8A；电源侧使用符合GB/T 11918.1和GB/T 11918.2要求的标准插头插座时输出不应超过32A	5.1.2	模式2：充电系统使用16A插头插座时不能超过13A	便携式充电设备最大充电电流更新为32A，与模式3的充电桩的最大电压保持一致
5.2.1.6	供电设备应能通过脉宽调制（Pulse-Width Modulation, PWM）（模式2和模式3）或数字通信（模式4）告知电动汽车允许可用最大电流值。该值不应超过以下任意值： ①供电设备额定工作电流； ②电缆组件额定电流； ③车辆动力蓄电池最大允许放电电流（动态变化）	5.2.1.6	充电电流的监测中，最大可用电流，不应通过超过供电设备额定电流、连接点额定电流和电网（电源）额定电流中的最小值	完善控制逻辑
5.2.1.7	新增电动汽车充电唤醒功能：模式2和模式3下，在充电连接装置完全连接后，休眠的电动汽车应具备被交流供电设备唤醒的功能。通过PWM信号实现的唤醒功能符合表A.7中时序3.1的规定	—	无	部分车辆插枪后，如果在一定时间内未启动充电，其电池管理系统（Battery Management System, BMS）会进入休眠状态的问题得到解决，对预约充电模式更友好

---

① PE：指PE线，也就是通常说的"地线"。

续表

2023年版		2015年版		注意事项
7.9	模式3供电设备应具有接触器粘连功能，当监测到接触器粘连故障时，交流供电设备不应输出PWM；模式4下，电动汽车应具备充电回路车辆断开装置（C5和C6）粘连监测和告警功能。当监测到车辆断开装置粘连故障时，电动汽车不应允许启动充电。模式3和模式4下，供电设备应具备在启动充电前供电回路上的接触器（或同类装置）粘连监测和告警功能。当监测到接触器粘连故障时，交流供电设备不应输出PWM	7.1	无要求	完善安全控制逻辑
10.7.1	新增模式2和模式3交流供电设备应能承受100μs的230A峰值冲击电流	9.7	无要求	完善安全控制逻辑
11.3.1	新增交流供电设备的剩余电流保护器应具有6mA及以上平滑直流剩余电流保护装置；交流供电设备的剩余电流保护应具备保护交流剩余电流、脉动直流剩余电流和6mA及以上平滑直流剩余电流的功能，且符合GB/T 14048.2，或GB/T 16916.1和GB/T 22794，或GB/T 16917.1和GB/T 22794的相关剩余电流动作特性要求。用于模式3使用的电动汽车充电的剩余直流检测装置应符合GB/T 40820—2021		无	完善安全控制逻辑
12.1	新增接触电流测试条件，要求恒定湿热试验后做正常工作条件和故障条件接触电流测试	11.2	无要求做恒定湿热试验	完善安全控制逻辑
12.2	新增绝缘电阻测试条件，要求交变湿热试验后做绝缘电阻测试	11.3	无要求做恒定湿热试验	完善安全控制逻辑

《电动汽车传导充电系统 第1部分：通用要求》GB/T 18487.1的2023年版与2015年版在直流桩部分的对比变化见表4-7。

第4章 充电设备标准

表4-7 GB/T 18487.1的2023年版与2015年版在直流桩部分的对比变化

	2023年版		2015年版	行业意义注意事项
5.2.1.7	新增电动汽车充电唤醒功能：对于模式4且采用附录B控制导引功能的直流充电系统，当辅助电源供电回路或开始通信交互时，休眠的电动汽车应被唤醒并开始充电；对于模式4且采用附录C控制导引功能的直流充电系统，休眠的电动汽车应能通过检测点2或检测点3被唤醒，目前符合第C.4.2.1条和第C.4.4条的规定	—	无	部分车辆插枪后，如果在一定时间内未启动充电，其BMS会进入休眠状态的问题得到解决，对预约充电模式更友好
7.9	模式3供电设备应具有接触器粘连功能。当监测到接触器粘连故障时，交流供电设备不应输出PWM；模式4下，电动汽车应具备充电回路车辆断开装置（C5和C6）粘连监测和告警功能。当监测到车辆断开装置粘连故障时，电动汽车不应允许启动充电。模式3和模式4下，供电设备应具备供电回路上的接触器（或回流装置）粘连监测和告警功能。当监测到接触器粘连故障时，直流供电设备应停止自检	—	无	完善安全控制逻辑
11.3.2	新增如果直流供电设备的供电网侧不具备剩余电流保护功能，其控制电路交流主回路和控制回路应具备剩余电流保护器，剩余电流不应超过30mA：直流供电设备的交流供电回路主测控制电源测剩余电流回路应具备以下防护措施之一：①双重绝缘；②加强绝缘；③隔离；④基本绝缘和可触及导电部件可靠接地。其中隔离可以采用在设备外部安装栅栏、内部安装隔离装置之类的装置。如果直流供电设备的供电网侧不具备剩余电流保护功能，其控制电源侧交流回路应具备剩余电流保护器（可使用AC型的剩余电流保护器），剩余电流保护器的额定剩余电流动作电流I△n不应超过30mA。对于额定最大功率小于20kW的直流供电设备，当供电网输入侧装符合第11.3.1条要求的剩余电流动作保护器（Residual Current Operated Protective Device，RCD），的电源可不配置RCD。当因前级剩余电流保护动作等原因造成控制电源失电时，直流供电设备应能断开直流供电回路	10.3	无	完善安全控制逻辑
11.7.2	新增直流供电设备输入瞬时过压要求：按照GB/T 18487.2—2017中附录E规定的试验要求，在直流供电设备的供电网侧按表3规定施加标准雷电波的冲击电压时，直流供电设备应限制其输出电压不超过： ①DC+与PE之间的电压：2500V； ②DC-与PE之间的电压：2500V； ③DC+和DC-之间的电压：直流充电电压+500V。 在试验过程中，直流供电设备在额定最大电压下运行。按照GB/T 16935.1—2008中第4.3.3.6条的规定，可以通过一种或多种衰减方式的组合来实现适当降低过电压	—	无	完善安全控制逻辑

续表

2023年版		2015年版		行业意义注意事项
11.7.3	新增防止大气电源或开关引起的瞬态过压要求：连接到直流供电设备的任意电源线或数据线应通过采用适当的措施来防止闪电或开关事件，例如：①直流供电设备内安装浪涌保护器（Surge Protection Device，SPD）；②直流供电设备外的供电网侧安装SPD；③直流供电设备周围环境配置保护。直流供电设备所选择SPD的功能和安装应满足GB/T 16895.22的要求。	11.7	电涌保护器安装与选型应根据供电设备的安装场所并满足GB 50057—2010中6.4的要求，当充电设备必须采取避雷防护措施时，应在导电体和PE之间安装电涌保护器	对安装浪涌保护器提出了更加详尽的要求，完善安全控制逻辑
12.1	新增接触电流测试条件，要求恒定湿热试验后做正常工作条件和故障条件接触电流测量。试验应在供电设备的额定输出功率下进行测试：GB/T 2423.3恒定湿热试验Ca[试验温度：（40±2）℃，相对湿度：（93±3）%，持续时间：4d]试验结束后在1h内进行接触电流测量。供电设备按照GB/T 12113—2003中第6章的规定连接到交流供电网。试验电压应为额定电压的1.1倍。按照GB/T 12113—2003中第6.2.2条的规定，在每个适用的故障条件下进行测试	11.2	无要求做恒定湿热试验	对恒定湿热环境下做接触电流测试的要求具体化，完善安全控制逻辑
12.2	新增绝缘电阻测试条件，要求交变湿热试验后做绝缘电阻测试：GB/T 2423.4交变湿热试验Db（试验温度：40℃，循环次数：2次）结束之后30min内进行绝缘电阻复测，绝缘电阻应满足以下要求：①Ⅰ类设备：R>1MΩ。②Ⅱ类设备：R>7MΩ	11.3	无要求做恒定湿热试验	对恒定湿热环境下做绝缘电阻测试的要求具体化，完善安全控制逻辑
B.2	低压辅助供电回路（额定电压：12±1.2V，额定电流：不大于10A）	B.1	低压辅助供电回路（额定电压：12±0.6V，额定电流：10A）	额定电流不大于10A，要求更加灵活，辅助控制回路应用设计更加灵活
B.4.5	新增能量传输阶段充电机和电动汽车发起暂停功能试验	—	无	能量双向传输控制逻辑完善，为车网V2G广泛应用建立基础
B.4.6	新增车辆接口电压在电子锁解锁前降到60VDC以下	B.3.6	未提及相关要求	完善安全控制逻辑
B.4.7.4	充电过程出现超时5s内断开输出	B.3.7.3	充电过程出现超时10s内断开输出	判断时间缩短，安全性提升

第 4 章 充电设备标准

续表

	2023年版		2015年版	行业意义注意事项
B.4.7.5	新增车辆接口、保护接地断开应50ms内将输出电流降至5A及以下及100ms断开输出；在充电过程中，设备控制器通过检测点1的电压进行检测（不在U1c电压范围），则向车辆周期发送"充电机中止充电报文"，并控制充电机停止充电，应在50ms内将输出电流降至5A及以下且100ms内断开C1、C2、S3和S4应在充电机发完统计报文和收到车辆统计报文之后才可断开	B.3.7.5	车辆接口、保护接地断开100ms断开输出，对电流下降无要求	判断时间缩短，新增电流判断逻辑，完善安全控制逻辑
B.4.7.9	新增能量传输阶段电子锁未上锁期上锁或未可靠锁止时，充电机应1s内停止充电，充电机应向车辆周期发送"充电机中止充电报文"，并控制充电机停止充电，应在1s内断开C1、C2、S3和S4应在充电机发完统计报文和收到车辆统计报文之后才可断开	—	无	完善安全控制逻辑，为车网V2G广泛应用建立基础
B.4.7.10	新增充电过程中由于故障负载突降工况试验：在能量传输阶段由于故障负载突降（如用负载），瞬时输出电压不应超过位置A（充电电压需求值的110%）和（充电电压需求值+50VDC）二者较大值，且不应出现危险情况	—	无	完善安全控制逻辑，为车网V2G广泛应用建立基础

4.5 下一步标准建议

4.5.1 兆瓦级充电

随着电动汽车越来越广泛地应用于长途运输和重载运输，这使缩短更大容量电池的充电时间成为一个重要挑战。为了克服这一障碍，国际充电标准制定协会（Charging Interface Initiative e.V., CharIN e.V.）一直在与史陶比尔等行业领导者合作开发兆瓦级充电系统（Megawatt Charging System，MCS）标准，进而推动其作为全球各种车辆充电的统一标准。海外已启动MCS标准，当前国内商用车车企已开始储备兆瓦级充电技术，如800V平台、双枪并充达到1200A充电，下一步单枪兆瓦级充电需求将慢慢出现，当前国标充电电流最大为800A，未覆盖兆瓦级范围，此电流段工作，主要遵循车企自有通信协议，开发工作巨大。MCS标准的统一可以减少车企对接的重复工作，提升效率，推动新能源商用车电动化发展。

4.5.2 通信协议统一

充电桩行业的快速发展使得统一后台通信协议变得重要。尽管开发协议耗时长且成本高，但关键内容如心跳帧、登录帧和订单数据在不同协议中表现一致，这为统一协议提供了可能。统一协议对各方有显著好处：

（1）**对设备厂商**：降低技术难度和成本，提升互操作性。

（2）**对用户**：提高充电桩兼容性，减少使用不同APP的麻烦。

（3）**对运营商**：降低运营成本，提高效率。

（4）**对监管部门**：便于获取数据，加强市场监管。

统一协议是行业发展的必然趋势，期待其早日实现，支持新能源汽车的普及。

4.5.3 充电桩编码统一

建议国家对全国对外运营充电桩身份编码分配唯一的标识符，以便在全国范围内实现充电桩的统一管理和监控。充电桩身份编码统一可简化充电桩管理流程，提高管理效率，还可促进充电桩信息的共享和交换，增强充电服务的互联互通性。通过统一的身份编码，运营商能够迅速识别充电桩、定位故障并及时进行维护，从而保障了充电服务的正常运行。此外，这一举措也为充电桩行业的规范化和标准化发展提供了基础，推动了行业的健康发展。综上所述，全国统一充电桩身份编码的实施将为用户提供更加便捷、高效、可靠的充电服务，促进充电行业的可持续发展。

4.5.4 二维码逻辑统一

当前市场上二维码规则不统一，用户需要在不同充电站之间适应不同的扫码规则，增加了使用的复杂度和不便利性，以及充电桩厂家也需要投入人力开发和适配各运营商的二维码规则，增加设备研发人力成本。

如果二维码规则能够统一，则有如下好处：

（1）统一规则可以让用户无论去哪家充电站都能使用同一种方式扫码充电，提升用户体验。

（2）统一规则可以促进不同运营商之间的数据共享和互通，为行业数据分析和监管提供更便利的条件。

（3）统一规则有助于推动充电基础设施的建设和普及，提升电动汽车市场的发展速度。

4.5.5 增加最低单体蓄电池电压及其组号

《非车载传导式充电机与电动汽车之间的数字通信协议》GB/T 27930—2023的第11.3.2条规定，PGN4352电池充电总状态报文（BCS）中的电池有上传最高单体蓄电池电压及其组号的功能，建议同步增加最低单体蓄电池电压及其组号；充电设备可以对充电过程中单体电池最高最低电压做跟踪记录，方便充电异常时分析，并为未来通过充电过程完成对电池的检验、检测和一定程度的维护保养提供基础和前提条件。PGN4352报文格式见表4-8。

PGN4352报文格式　　　　　　　　　表4-8

起始字节或位	长度	SPN	SPN定义	发送选项
1	2字节	3075	车辆接口当前电压测量值（V）	必须项
3	2字节	3076	车辆接口当前电流测量值（A）	必须项
5	2字节	3077	最高单体蓄电池电压及其组号	必须项
7	1字节	3078	当前荷电状态（SOC）	必须项
8	2字节	3079	估算剩余充电时间（min）	必须项

4.5.6 通信停止原因更详细

目前《非车载传导式充电机与电动汽车之间的数字通信协议》GB/T 27930—2023协议里定义的车辆中止充电报文（BST）和充电机中止充电报文（CST）每个位代表一个停止原因，能表示停止原因数量有限，由于每家车企或充电桩企业的软硬件设计存在差异，实际充电停止原因数量较多，现有报文里的这几个字节无法全面覆盖停止充电时的真实情况，这会导致异常充电停止时，问题难以迅速定位，这可能对充电桩的运营服务造成损失，同时也造成很多可以远程诊断及处理的故障，必须由技术人员现场检测并解决，这大大增加了运维成本，也不利于充电设备行业的绿色高质量发展。

建议做法：当前BST和CST报文都有剩余字段，建议在BST和CST里都增加2个字节长度专用的"停止原因编码",2个字节的"停止原因编码"可表示65535种情况,这样就可以表示足够数量的充电停止原因,全面覆盖目前所有的充电停止原因,便于充电桩技术提供方迅速定位和解决问题。并且建议"停止原因编码"(或至少部分编码规则)由行业统一制定,共同推动行业高质量发展。

《非车载传导式充电机与电动汽车之间的数字通信协议》GB/T 27930—2023第11.3.8条规定:车辆主动中止充电或接受CST报文后,按照10ms的时间间隔周期发送BST报文,报文内容应与中止原因一致。通信开始后(车辆接收CHM报文后)的各个阶段,车辆都可发送BST报文主动中止充电。车辆出现必须中止充电的异常或故障时,应发送BST报文。车辆中止充电报文格式见表4-9。

车辆中止充电报文格式　　　　　　　　　　　　　　　　　表4-9

起始字节或位	长度	SPN	SPN定义	发送选项
1	1字节	3511	车辆中止充电原因	必须项
2	2字节	3512	车辆中止充电故障原因	必须项
4	1字节	3513	车辆中止充电错误原因	必须项

《非车载传导式充电机与电动汽车之间的数字通信协议》GB/T 27930—2023第11.3.9条规定:充电机主动中止充电或接收BST报文后按照0s的时间间隔周期发送CST报文,报文内容应与中止原因一致。通信开始后(充电机发送CHM报文后)的各个阶段,充电机都可发送CST报文主动中止充电。充电机出现必须中止充电的异常或故障时,应发送CST报文。充电机中止充电报文格式见表4-10。

充电机中止充电报文格式　　　　　　　　　　　　　　　　表4-10

起始字节或位	长度	SPN	SPN定义	发送选项
1	1字节	3521	充电机中止充电原因	必须项
2	2字节	3522	充电机中止充电故障原因	必须项
4	1字节	3523	充电机中止充电错误原因	必须项

第5章
充电设备关键技术

5.1 充电设备关键性能指标

5.1.1 功率（容量）

充电桩的功率是评价其充电性能的核心指标之一，因为它与充电桩的充电速度有着最直接的关联，是衡量充电桩充电能力最根本的指标，也最具辨识度。

充电桩的功率与充电速度密切相关。在相同条件下，功率越大的充电桩，其充电速度越快。具体来说，充电桩的功率决定了其向电动汽车电池输送电能的速率，功率越大，单位时间内输送的电能越多，从而缩短充电时间。

充电设备的最大输出功率（P）是此设备可以同时提供的最大电压（U）和最大电流（I）的乘积，即按照公式$P=U \times I$来计算得出的。

在输出电压方面，目前一般比较固定。交流充电设备额定输出电压即为220V交流电。直流充电设备输出电压一般为一个范围，下限一般为150V或200V，少数头部企业可做到50V；上限一般为1000V，老旧版本的充电桩也有在500V或750V的，未来会逐渐发展到1500V。

在输出电流方面，规格就比较灵活。交流充电设备一般在32A以下，16A、10A等都有对应规格的设备。直流充电设备分为风冷设备和液冷设备，采用风冷散热的直流充电设备电流目前最高可输出400A的电流，也有300A、250A、200A、125A、80A等规格。采用液冷散热的直流充电设备，目前最高可输出800A的电流，除此之外600A也是主要选择的规格。

目前市场上的充电桩功率范围广泛，一般来说功率越高，价格会越贵。根据应用场景的不同，适用设备的功率范围也不同。

上面介绍的是一台或一套充电设备的总功率容量，而充电桩的实际输出功率还受到充电枪承载能力、电池接受能力等因素影响。因此，在选择充电桩时，需要根据实际情况进行综合考虑。

5.1.2 防护

充电桩防护技术作为确保充电桩正常运行的关键技术之一，旨在提高充电桩对外部环境的适应性，防止因外部因素导致的设备损坏或安全事故。充电桩防护技术主要通过增强充电桩外壳的防护能力以及对关键部件进行特殊设计，来抵御外部环境中的灰尘、水分、腐蚀等不利因素。这些技术旨在确保充电桩在各种恶劣环境下都能稳定运行，同时延长其使用寿命。

IP防护等级是充电桩防护技术的核心指标之一，根据《电动汽车传导充电系统 第1部分：通用要求》GB/T 18487.1—2023要求，供电设备的防护等级不应低于IP32（室内）或IP54（室外）。IP防护等级第一位、第二位特征数字含义说明见表5-1、表5-2。

IP防护等级第一位特征数字含义说明　　　　表5-1

第一位 特征数字	防护等级	
	简要说明	含义
0	无防护	—
1	防止直径不小于50mm的固体异物	直径50mm球形固体试具不得完全进入壳内
2	防止直径不小于12.5mm的固体异物	直径12.5mm球形固体试具不得完全进入壳内
3	防止直径不小于2.5mm的固体异物	直径2.5mm球形固体试具完全不得进入壳内
4	防止直径不小于1.0mm的固体异物	直径1.0mm球形固体试具完全不得进入壳内
5	防尘	不能完全防止尘埃进入，但进入的灰尘量不得影响设备的正常运行，不得影响安全
6	尘密	无灰尘进入

IP防护等级第二位特征数字含义说明　　　　表5-2

第二位 特征数字	防护等级	
	简要说明	含义
0	无防护	—
1	防止垂直方向滴水	垂直方向滴水应无有害影响
2	防止当外壳在15°倾斜时垂直方向滴水	当外壳的各垂直面在15°倾斜时，垂直方向滴水应无有害影响
3	防淋水	当外壳的垂直面在60°范围内淋水，无有害影响
4	防溅水	向外壳各方向溅水无有害影响
5	防喷水	向外壳各个方向喷水无有害影响
6	防强烈喷水	向外壳各个方向强烈喷水无有害影响
7	防短时间浸水影响	浸入规定压力的水中经规定时间后外壳进水量不致达有害程度

充电桩防护主要包含交流充电桩防护和直流充电桩防护。

交流充电桩的防护等级以IP65为主，少数厂家可以将充电桩的防护等级做到IP65甚至更高，这主要是因为交流充电桩通常安装在相对较为温和的环境中，例如停车场、小区车库等。IP65的防护等级能够很好地防止灰尘进入，并且在设备被水喷射时也能提供有效的防护。例如，在一些可能会有轻微雨水溅落或者清洁时用水冲洗的场景，IP65可以确保交流充电桩内部的电子元件不受损害。

而直流充电桩防护以IP54为主，成本和散热是两个关键限制因素。从成本角度来看，要达到更高的防护等级，例如IP55，需要在材料选择、密封设计等方面增加投入，这会显著提高直流充电桩的制造成本。对于追求快速回本周期的直流充电桩来说，成本的控制至关重要。在散热方面，直流充电桩的功率较大，工作时产生的热量较多。更高的防护等级可能会影响散热效果，导致设备温度升高，从而影响性能和寿命。如果防护等级过高，可能会阻碍空气流通，使得热量难以散发出去。

其他防护包括：针对海边、化工厂等腐蚀性较强的环境，通过采用耐腐蚀材料、表面涂层和密封技术等手段，防止充电桩受到侵蚀。防腐蚀设计能够确保充电桩在恶劣环境下长期稳定运行，减少因腐蚀导致的设备损坏和安全事故。

5.1.3 效率

充电桩的效率是指其将电能转化为汽车电池充电能力的比率，效率高低直接反映了充电桩对能源的利用率。高效的充电设施能够减少能源浪费，缓解电网压力，有利于电力系统的平衡发展，也有助于减少因能源浪费而产生的环境压力。同时，高效的充电设施还能够降低运营成本，提高充电站的盈利能力。

当前行业充电设备半载以上情况下的峰值效率一般处于93%～95%的水平，少数头部企业可以做到大于或等于96%。

直流充电桩的效率主要取决于充电模块开关器件的选型以及设备内部器件自身功耗。目前，在充电桩领域，主流的开关器件主要为绝缘栅双极型晶体管（IGBT）和碳化硅场效应管（SiC MOSFET）。IGBT是一种成熟的功率半导体器件，在充电桩中应用广泛。它的效率可以达到96.5%。这意味着在电能传输和转换过程中，损失相对较小，能够较为高效地为电动汽车充电。而SiC作为一种新型的半导体材料，具有更为出色的性能。其在充电桩中的效率可达97%，相较于IGBT又有了一定的提升。

然而，目前在充电桩中SiC的应用占比相对较少。这主要是因为SiC的成本较高。在当前阶段，IGBT占比相对较高的原因是因为其相对成熟的技术和较为合理的成本，随着技术和市场的发展，这一局面有望发生改变，为我们带来更高效、更便捷的充电体验。

5.1.4 散热

充电桩在运行过程中，电流通过电子元器件时的热损耗会产生热量，如果热量不能有效散发，充电桩内部温度升高，将会导致其内部电子元器件的性能降低甚至损坏，影响充电桩的性能维持、稳定性、安全性，因此充电桩的散热设计是影响其性能的关键因素之一。

《电动汽车传导充电系统 第1部分：通用要求》GB/T 18487.1—2023第15.1.1条规定"供电设备应至少满足以下正常工作温度范围：室外使用：−25～+40℃；室内使用：−5～+40℃。"

主动散热依赖外部设备或机制来增强热量的散发。常见的主动散热方式包括风冷散热和液冷散热。

（1）风冷散热通过强制对流冷却的方式，利用风扇将空气流动引入充电堆内部，将热量带走。这种方式安装和维护相对简单，成本较低，但产生的噪声相对液冷散热更大一些，也会出现设备局部散热不均的情况。

（2）液冷散热则是通过冷却液（如水或专用冷却液）在充电堆内循环，将热量带到散热器或冷却板，再通过散热器将热量排出。液冷散热高效、噪声较低，但成本较高，安装和维护更复杂。

选择散热方式需要根据实际应用环境、成本、体积、噪声和维护需求等因素综合考虑。对于高功率密度和高热量产生的大功率充电堆而言，主动散热中的风冷散热是目前大部分充电桩采用的散热方式。然而，随着市场上大功率超级充电堆的普及，液冷散热可能成为未来主流的散热方式。自然散热则一般用于交流充电桩以及部分采用自然冷却模块的直流充电桩，功率小且占比不高。

5.1.5 噪声

按照《电动汽车充电设备检验试验规范 第1部分：非车载充电机》NB/T 33008.1—2018第5.16条的规定，正常试验条件下，交流输入为额定值，充电机在额定输出功率下且内部温度稳定后，在周围环境噪声不大于40dB的条件下，距离充电机水平位置1m及距离地面垂直高度1.5m处，测得噪声最大值范围与充电机的噪声等级对应，具体为：Ⅰ级对应噪声最大值小于或等于55dB；Ⅱ级对应噪声最大值为55~80dB；Ⅲ级对应噪声最大值大于80dB，见表5-3。

噪声级别要求　　　　　　　　　　　　　　　　　　　　表5-3

噪声等级	噪声最大值（dB）
Ⅰ级	≤55
Ⅱ级	55~80
Ⅲ级	>80

噪声主要来自两个方面：冷却系统和电力电子装置。冷却系统的风扇或泵在运行时会产生噪声，一般采用风冷的方式要比液冷高一些。目前行业采用风冷冷却方式的整流柜实测噪声控制在70~80dB，头部企业可以将整流柜实测噪声控制在65dB左右；采用液冷冷却方式的整流柜实测噪声通常为60dB，个别厂家可达55dB左右。另外，设备内部的电力电子设备（如逆变器、变压器、整流器等）在高频工作时也会产生电磁噪声，一般在50~60dB。

决定噪声水平的因素通常有三类：一是充电堆的设计，不同厂家设计的充电堆在冷却方式、外壳隔声性能、隔声材料的使用等方面有所不同，导致噪声水平也有所不同，如图5-1所示。二是安装环境，在封闭或半封闭环境中使用时，噪声可能会被反射或放大。在开放环境中，噪声散布更快，影响会小一些。三是负载水平，充电堆在高负载（大电流充电）下的噪声会高于低负载时。

根据不同的安装场所，充电机在使用时的噪声应符合相关法律法规的要求。如实测值大于相关法律法规的要求，充电机在安装时应加装额外的降低噪声的设备，以满足使用要求。

对于致力于提供优质服务的运营商而言，确保充电环境的静谧性是提升用户体验的关键因素，充电桩运行所产生的噪声问题不容忽视。此外，充电设施的噪声控制也直接关系到社区居民的生活质量和满意度。

根据《声环境质量标准》GB 3096—2008要求第4条、第5.1条规定，按照区域的使用功能特点和环境质量要求，噪声环境功能区分为以下五种类型：

0类声环境功能区：是指康复疗养区等特别需要安静的区域。

1类声环境功能区：是指以居民住宅、医疗卫生、文化教育、科研设计、行政办公为主要功能，需要保持安静的区域。

图5-1 盛弘股份充电堆消声通道设计示例

2类声环境功能区：是指以商业金融、集市贸易为主要功能，或者居住、商业、工业混杂，需要维护住宅安静的区域。

3类声环境功能区：是指以工业生产、仓储物流为主要功能，需要防止工业噪声对周围环境产生严重影响的区域。

4类声环境功能区：是指交通干线两侧一定距离之内，需要防止交通噪声对周围环境产生严重影响的区域，包括4a类和4b类两种类型。4a类为高速公路、一级公路、二级公路、城市快速公路、城市主干路、城市次干路、城市轨道交通（地面段）、内河航道两侧区域；4b类为铁路干线两侧区域。

各类声环境功能区适用于表5-4规定的声环境噪声级限值。

声环境噪声级限值（单位：dB）　　　　　　　　　　　　　　表5-4

声环境功能区类别		时段	
		昼间	夜间
0类声环境功能区		50	40
1类声环境功能区		55	45
2类声环境功能区		60	50
3类声环境功能区		65	55
4类声环境功能区	4a类	70	55
	4b类	70	60

电动汽车充电场站建议选址在3类声环境功能区或4类声环境功能区，并且距离噪声敏感建筑物保持一定的距离（在噪声传播路径上，无遮挡的直线距离建议至少100m）。

5.1.6 待机功耗

根据《电动汽车非车载传导式充电机技术条件》NB/T 33001—2018的要求，在额定输入电压下，充电机不连接试验系统且无人员操作，仅保留其后台通信、状态指示灯等基本功能的状态，测量充电机的功耗就是待机功耗，且充电设备的待机功耗不应大于$N \cdot 50W$（N表示车辆接口数量）。

当前充电设备利用率不高，各个场景下的设备都会有大量的时间处于待机状态。截至2024年6月，全国电动汽车充电基础设施总量已达1024.3万台，虽说单个设备的待机功耗看起来微不足道，但大量设备长时间处于待机状态下，累积下来也会产生大量的能源浪费。减小充电设备的待机功耗可以降低运营成本，减小环境影响，节省社会能源消耗，因此无论在何种情况下，充电设备待机功耗一定是越小越好。

目前交流充电设备的待机功耗最小可以达到平均单枪功耗小于2.5W，小于市面上主流节能灯的待机功耗，因此在待机时间长而对充电速度要求不高的场景下，可考虑使用交流充电设备。

直流充电设备的待机功耗则根据系统功率容量规格的增大而增大，一般来说符合平均单枪功耗小于50W的标准要求。

目前充电设备的待机功耗主要来自控制系统、功率模块、通信系统等。待机功耗可以看作无辜浪费掉的电能，因此降低待机功耗对提高充电桩的运营效益、节约能源都具有重要的意义。

5.2 充电设备安全保护

充电设备的安全保护是确保充电设备在使用时不会发生各类安全事故的关键。通过采取严格的安全措施，可以有效地预防和减少事故的发生，保护大家的生命安全和财产安全，具有相当重要的意义。

5.2.1 人身安全保护

直流充电桩对人身安全保护的重要性不容忽视。作为电动汽车充电的关键基础设施，直流充电桩的安全性直接关系到使用者的生命安全和充电设施的可靠性。以下是常见充电桩的人身安全保护，见表5-5。

人身安全保护　　　　　　　　　　　　　　　　　　　　　表5-5

序号	安全保护项	说明
1	车辆连接异常防护	确保在充电过程中充电桩与电动汽车之间的连接稳定，防止因意外移动或拔出充电枪而导致的电击或中断充电
2	接地可靠性保护	确保充电桩的金属外壳和电气系统有效接地，以便于在发生电气故障时迅速导电至地面，避免触电危险
3	漏电流保护	漏电流保护通过监测电流的进出平衡来检测是否存在电流泄漏。一旦检测到泄漏，能够在极短的时间内响应并切断电源，保护使用者免受电击伤害
4	门禁保护	防止充电设备门打开时，其裸露的高压器件影响到人身安全
5	短路保护	在充电桩内部电路中检测到短路时，迅速切断电源，确保充电过程中车和设备的安全
6	绝缘检测保护	及时发现绝缘老化或车端异常，防止因绝缘不良导致的电击事故，保障使用者和设备的安全
7	泄放保护	泄放保护在完成绝缘检测和充电结束，通过特定的泄放路径将多余能量迅速释放到地面，防止对使用者造成伤害
8	倾倒保护	倾倒保护是一种安全特性，旨在检测充电桩因外力作用（如强风、撞击或地震等）而发生倾倒。一旦检测到倾倒，系统会自动采取措施，如切断电源或发出警报，以防止可能发生的安全事故
9	水浸保护	水浸保护设计用于检测充电桩周围是否有水浸入的情况。当传感器检测到水浸时，充电桩会自动停止充电操作，并切断电源，确保使用者在充电过程中的安全

5.2.2　车辆安全保护

车辆安全保护见表5-6。

车辆安全保护　　　　　　　　　　　　　　　　　　　　　表5-6

序号	安全保护项	说明
1	充电枪头过温保护	一般车桩枪座接触不良、接口老化等会使得阻抗过大发热严重，影响充电安全。在充电枪内部温度达到设定的上限值之后，充电桩会进行限流或停止充电，避免继续充电导致器件热损坏
2	输出过压保护	输出过压保护的作用是防止充电桩将过高的电压传递到车端，从而保护车端免受损坏。当充电桩检测到输出电压超过设定的安全范围时，它会自动停止充电，以防止过压损害设备
3	输出过流保护	充电桩会监测输出电流的大小，确保它在安全范围内，如果充电电流超过了车端需求电流的允许误差范围时，充电桩会自动触发过流保护机制。触发过流保护后，充电桩会立即停止向电动汽车输送电流，以防止进一步损坏充电设备和电动汽车
4	紧急停机保护	出现紧急故障或充电异常时，按下充电桩紧急停机按钮，可以立即停止充电并切断充电模块的动力输入源
5	电池反接故障保护	在充电预充过程中，充电桩要会对电池电压进行反接监测，检测异常时不进入充电阶段并立即停止和告警。因为反向连接电池可能导致充电桩和电动汽车的电子元器件受损，甚至引发火灾或爆炸等严重安全事故。电池反接故障保护是非常重要，提高充电系统的安全性和可靠性
6	主动防护技术	通过对行业充电车辆数据收集及度量，在《非车载传导式充电机与电动汽车之间的数字通信协议》GB/T 27930—2023的基础上，从用户插枪到充电结束的整个充电过程进行电池信息监测，监测各项指标的阈值，如单体电池电压、单体电池温度等，出现异常时主动进行报警或断电，让车安全可靠充电

5.2.3 设备本体保护

充电桩设备本体的安全性直接关系设备的可靠性和稳定性。合理的本体设计可以保护充电桩内部的电子元器件、电池和线路等关键部件，减少因外部环境、恶意破坏或人为损坏而导致设备故障的可能性，提高设备的使用寿命和可靠性，设备本体安全保护见表5-7。

设备本体安全保护　　　　　　　　　　　　表5-7

序号	安全保护项	说明
1	防雷保护	保护充电设备免受雷电侵害。在充电设备上增加防雷保护装置，使设备能够在雷电发生时，引导电流安全地流入地下，从而保护充电设备免受直接雷击的损害
2	交流输入欠压	当充电桩检测到交流输入电压低于安全范围并影响功能模块正常工作时，充电桩会自动停止充电，以防止设备受损
3	交流输入过频	当充电桩监测到交流输入电源频率超出安全范围并影响功能模块正常工作时，充电桩会自动停止充电，以保护设备和电动汽车
4	交流输入欠频	当交流输入电源频率低于预设阈值并影响功能模块正常工作时，充电桩会停止充电，以防止设备损坏
5	交流输入过压	当充电桩检测到交流输入电压超过安全范围并影响功能模块正常工作时，充电桩会自动停止充电，以防止设备损坏
6	出风口过温保护	高温可能使柜体内部的设备故障，影响充电桩的正常工作，加速电子元器件老化，降低充电桩的可靠性和稳定性。需要实时监控充电桩内部温度，保障充电桩和车辆的安全
7	接触器粘连监测	当接触器粘连时，无法正常断开充电电路，损害电池和车辆。增加了电路短路和火灾的风险。充电桩需要对继电器的状态进行监测，确保继电器不存在粘连等异常
8	防护设计	充电桩有特定的防尘、防水设计

5.2.4 通信协议安全

充电设备通信协议安全定义为"充电设备与运营平台之间通信过程的安全性和可靠性"，包括认证和授权、加密传输、数据完整性验证、安全协议设计以及日志、监控等方面。

充电桩与云平台通信涉及用户的个人信息、充电记录等敏感数据。如果通信协议不安全，这些数据可能会被黑客窃取或篡改，严重影响用户的隐私安全。

充电桩作为物联网设备，连接到互联网上。如果通信协议不安全，黑客可能会利用漏洞对充电桩进行攻击，造成网络安全风险。通过建立安全的通信协议，可以有效防止黑客攻击，保障设备和数据的安全。应确保充电桩与云平台之间的数据传输过程中不受到恶意攻击或篡改，从而保障设备的安全运行，避免因通信安全漏洞导致充电信息泄漏、计费出错、设备故障或损坏，提升用户体验和服务品质。

（1）**安全协议**：使用互联网上广泛使用的传输层安全（TLS）加密算法确保通信数据的机密性，即使数据在传输过程中被截获，也无法被未授权的第三方解读。

（2）**身份验证**：采用双向身份验证机制（如使用数字证书、用户名和强密码等进行双向设备验证），确保通信双方的合法身份，防止中间人攻击，只允许授权的设备与平台进行通信。

（3）**定期安全更新**：定期更新充电桩的固件和软件，修补已知的安全漏洞，增强系统的安全性。

（4）**隐私保护**：确保用户数据的隐私，如通过数据脱敏技术和加密处理来保护用户的个人信息不被未经授权的第三方获取。

5.3 车桩互操作性

车桩互操作性是指不同品牌和型号的电动汽车与充电桩之间的兼容性和交互能力。使用户能够在任何兼容的充电桩上为车辆充电，无需担心充电桩与车辆之间的匹配问题，大大提高了充电的便捷性。总之，车桩互操作性对于电动汽车的推广和充电基础设施的发展至关重要。

5.3.1 直流桩

1．国标直流充电接口

（1）国标20234.3直流充电接口

按照《电动汽车传导充电用连接装置 第3部分：直流充电接口》GB/T 20234.3—2023（简称"国标20234.3"）的规定，国标20234.3直流充电接口的充电设备端、汽车端见图5-2、图5-3，功能定义见表5-8。

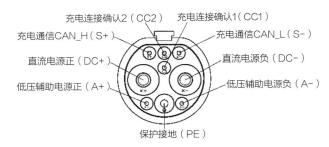

图5-2 国标20234.3直流充电接口的充电设备端

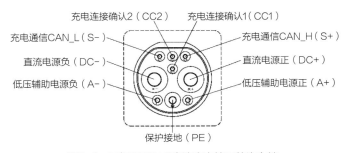

图5-3 国标20234.3直流充电接口的汽车端

国标20234.3直流充电接口的功能定义　　　　表5-8

触头编号	标识	功能定义
1	直流电源正（DC+）	连接直流电源正与电池正极
2	直流电源负（DC-）	连接直流电源负与电池负极
3	保护接地（PE）	连接供电设备地线和车辆电平台
4	充电通信CAN_H（S+）	连接非车载充电机与电动汽车的通信线
5	充电通信CAN_L（S-）	连接非车载充电机与电动汽车的通信线
6	充电连接确认1（CC1）	连接非车载充电机与电动汽车的控制器
7	充电连接确认2（CC2）	连接电动汽车的控制器
8	低压辅助电源正（A+）	连接非车载充电机为电动汽车提供的低压辅助电源
9	低压辅助电源负（A-）	连接非车载充电机为电动汽车提供的低压辅助电源

（2）国标20234.4大功率直流充电接口

按照《电动汽车传导充电用连接装置 第4部分：大功率直流充电接口》GB/T 20234.4—2023（简称"国标20234.4"）的规定，国标20234.4大功率直流充电接口的充电设备端、汽车端见图5-4、图5-5，功能定义见表5-9。

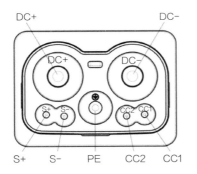

图5-4　国标20234.4大功率直流充电接口的充电设备端

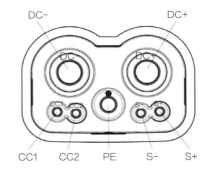

图5-5　国标20234.4大功率直流充电接口的汽车端

国标20234.4大功率直流充电接口的功能定义　　　　表5-9

触头编号	标识	功能定义
1	直流电源正（DC+）	连接直流电源正与电池正极
2	直流电源负（DC-）	连接直流电源负与电池负极
3	保护导体（PE）	连接供电设备地线和车辆电平台
4	充电连接确认2（CC2）	车辆侧连接确认
5	充电连接确认1（CC1）	充电机侧连接确认
6	充电通信CAN_H（S+）	连接非车载充电机与电动汽车的通信线
7	充电通信CAN_L（S-）	连接非车载充电机与电动汽车的通信线

2. 直流充电桩交互步骤

在通信协议方面，直流充电桩和车载电池BMS之间的通信通常遵循《非车载传导式充电机与电动汽车之间的数字通信协议》GB/T 27930—2023，该标准规定了充电设备和电动汽车之间的通信协议和数据交换方式。具体来说，直流充电桩和车载电池BMS之间的交互可分为以下几个步骤：

（1）物理连接：将连接器（充电枪）与电动汽车连接起来，充电桩检测确认充电枪与电动汽车正确连接后，发信息让充电枪锁止。

（2）低压辅助上电：低压辅助供电回路闭合。

（3）充电"握手"：电动汽车与充电桩开始通信。

（4）参数"协商"：直流充电桩和车载电池BMS会"协商"充电参数，如充电功率、电压、电流等，以确定最佳的充电方案。

（5）充电阶段：直流桩和车载电池BMS之间会传递充电过程中的实时数据，如电池温度、电压、电流等，然后控制充电状态。

（6）充电结束：电动汽车与充电桩"协商"提出结束充电，成功停止后，电子锁解开，拔枪，结束充电。

3. 验收要求

直流充电桩通过车辆插头与测试系统建立连接，直流充电桩首先进行通信协议一致性测试。测试系统模拟充电流程中各个阶段的车辆报文，以试验直流充电桩应答的报文是否满足《非车载传导式充电机与电动汽车之间的数字通信协议》GB/T 27930—2023中规定的报文格式、报文内容、报文周期以及应答时序。测试系统依据《电动汽车非车载传导式充电机与电池管理系统之间的通信协议一致性测试》GB/T 34658—2017中的规定，模拟车辆在与直流充电桩交互过程中发送不正确的车辆报文，以试验直流充电桩在接收到不正确的车辆报文的响应是否满足《电动汽车传导充电系统 第1部分：通用要求》GB/T 18487.1—2023以及《非车载传导式充电机与电动汽车之间的数字通信协议》GB/T 27930—2023的相关规定。

直流充电桩满足通信协议一致性要求后，需要进行直流充电互操作性测试。测试系统通过录波仪监控直流桩的各项信号，依据《电动汽车传导充电互操作性测试规范 第1部分：供电设备》GB/T 34657.1—2017的要求，模拟车辆充电正常流程和异常充电流程的动作，以试验直流充电桩在充电流程每个阶段的各项信号是否符合《电动汽车传导充电系统 第1部分：通用要求》GB/T 18487.1—2023规定的相关时序要求，直流充电设备通信协议一致性验收表格见表5–10，直流充电设备互操作一致性验收表格见表5–11。

直流充电设备通信协议一致性验收表格　　　　　　　　　　　表5-10

所处阶段	编号	试验内容
低压辅助上电及充电握手阶段	DP.1001	试验CHM报文周期、格式、内容
	DP.1002	试验充电桩绝缘检测阶段CHM报文周期、格式、内容
	DP.1003	试验充电桩辨识握手阶段CRM报文周期、格式、内容
	DN.1001	充电桩发送完CRM报文后，测试系统停止发送报文，试验充电桩的响应及动作
	DN.1002	充电桩发送完CRM报文后，接收到不使用传输协议功能发送的BRM报文，试验充电桩的响应及动作
	DN.1003	充电桩发送完CRM报文后，测试系统继续发送BHM报文，试验充电桩的响应及动作
	DN.1004	充电桩发送完SPN2560=0xAA的CRM报文后，测试系统仍然发送BRM报文，试验充电桩的响应及动作
充电参数配置阶段	DP.2001	试验充电桩在接收到符合协议的BCP报文后的响应及动作；试验充电桩发送的CML报文、CTS报文的周期、格式、内容
	DP.2002	试验充电桩在接收到符合协议的SPN2829=0x00的BRO报文后的响应及动作；试验充电桩发送的CML报文、CTS报文的周期、格式、内容
	DP.2003	试验充电桩在接收到符合协议的SPN2829=0xAA的BRO报文后的响应及动作；试验充电桩发送的CML报文、CTS报文的周期、格式、内容
	DN.2001	充电桩发送完SPN2560=0xAA的CRM报文后，测试系统停止发送报文，试验充电桩的响应及动作
	DN.2002	充电桩发送完SPN2560=0xAA的CRM报文后，测试系统不使用传输协议发送BCP报文，试验充电桩的响应及动作
	DN.2003	充电桩发送完CML和CTS报文后，测试系统停止发送报文，试验充电桩的响应及动作
	DN.2004	充电桩发送完CML和CTS报文后，测试系统发送与BRO报文类型定义不符的报文，试验充电桩的响应及动作
	DN.2005	充电桩发送完CML和CTS报文后，测试系统发送SPN2829≠0xAA的BRO报文，试验充电桩的响应及动作
	DN.2006	充电桩发送完CML和CTS报文后，测试系统继续发送BCP报文，试验充电桩的响应及动作
	DN.2007	充电桩发送完SPN2830=0x00的CRO报文后，测试系统继续发送BCP报文，试验充电桩的响应及动作
	DN.2008	充电桩发送完SPN2830=0x00的CRO报文后，测试系统停止发送SPN2829=0xAA的BRO报文并发送与BRO报文类型定义不符的报文，试验充电桩的响应及动作
	DN.2009	充电桩发送完SPN2830=0x00的CRO报文后，测试系统重新发送SPN2829=0x00的BRO报文，试验充电桩的响应及动作
	DN.2010	充电桩发送完SPN2830=0xAA的CRO报文后，测试系统继续发送SPN2829=0xAA的BRO报文，试验充电桩的响应及动作
充电阶段	DP.3001	充电桩接收到测试系统发送的BCL与BCS报文，试验充电桩的响应及动作，试验充电桩发送的CCS报文的周期、格式、内容
	DP.3002(可选)	充电桩接收到测试系统发送的BMV报文与BMT报文，试验充电桩的响应及动作
	DP.3003	测试系统根据异常原因发送BSM报文，试验充电桩的响应及动作，试验充电桩发送的CCS报文的周期、格式、内容

续表

所处阶段	编号	试验内容
充电阶段	DP.3004	测试系统发送动力蓄电池不可信状态的BSM报文，试验充电桩的响应及动作，试验充电桩发送的CCS报文的周期、格式、内容
	DP.3005	测试系统发送SPN3096=0x00的BSM报文，试验充电桩的响应及动作，试验充电桩发送的CCS报文的周期、格式、内容
	DP.3006	测试系统主动停止充电，发送BST报文，试验充电桩的响应及动作，试验充电桩发送的CST报文的周期、格式、内容
	DP.3007	充电桩主动停止充电，试验充电桩发送的CST报文的周期、格式、内容
	DN.3001	充电桩发送完SPN2830=0xAA的CRO报文后，测试系统继续发送BCL报文并停止发送BCS报文，试验充电桩的响应及动作
	DN.3002	充电桩发送完SPN2830=0xAA的CRO报文后，测试系统停止发送BCL报文并继续发送BCS报文，试验充电桩的响应及动作
	DN.3003	充电桩发送完SPN2830=0xAA的CRO报文后，测试系统继续发送BCL报文同时不使用传输协议功能发送BCS报文，试验充电桩的响应及动作
	DN.3004	充电桩发送完SPN2830=0xAA的CRO报文后，测试系统发送与BCL报文类型定义不符的报文同时正常发送BCS报文，试验充电桩的响应及动作
	DN.3005	充电桩与测试系统处于正常充电状态中，测试系统发送BCL报文同时不发送BCS报文，试验充电桩的响应及动作
	DN.3006	充电桩与测试系统处于正常充电状态中，测试系统不发送BCL报文同时正常发送BCS报文，试验充电桩的响应及动作
	DN.3007	充电桩与测试系统处于正常充电状态中，测试系统继续发送BCL报文同时不使用传输协议功能发送BCS报文，试验充电桩的响应及动作
	DN.3008	充电桩与测试系统处于正常充电状态中，测试系统发送与BCL报文类型定义不符的报文同时正常发送BCS报文，试验充电桩的响应及动作
	DN.3009	充电桩主动终止充电，测试系统接收到充电桩发送的CST报文后，停止发送报文，试验充电桩的响应及动作
	DN.3010	充电桩主动终止充电，测试系统接收到充电桩发送的CST报文后，测试系统发送与BST报文类型定义不符的报文，试验充电桩的响应及动作
充电结束阶段	DP.4001	测试系统主动中止充电，在接收到充电桩发送的CST报文后，发送BSD报文，试验充电桩的响应及动作，试验充电桩发送的CSD报文的周期、格式、内容
	DP.4002	充电机因故障中止充电，已结束当前充电流程，需要重新开始充电，试验充电桩的响应及动作
	DN.4001	测试系统主动中止充电并接收到CST报文后，停止发送报文，试验充电桩的响应及动作
	DN.4002	测试系统主动中止充电并接收到CST报文后，发送与BSD报文类型定义不符的报文，试验充电桩的响应及动作
	DN.4003	充电桩主动中止充电并接收到BST报文后，测试系统停止发送报文，试验充电桩的响应及动作
	DN.4004	充电桩主动中止充电并接收到BST报文后发送与BSD报文类型定义不符的报文，试验充电桩的响应及动作

注：CHM报文：充电机握手报文；CRM报文：充电机辨识报文；BHM报文：车辆握手报文；BRM报文：BMS和车辆辨识报文；BCP报文：车辆充电参数报文；CML报文：充电机最大输出能力报文；CTS报文：充电机发送时间同步信息报文；BRO报文：车辆充电准备就绪状态报文；CRO报文：充电机输出准备就绪状态报文；BCL报文：电池充电需求报文；BCS报文：电池充电总状态报文；CCS报文：充电机充电状态报文；BMV报文：单体蓄电池电压报文；BMT报文：动力蓄电池温度报文；BSM报文：车辆状态信息报文；BST报文：车辆中止充电报文；CST报文：充电机中止充电报文；BSD报文：车辆统计数据报文；CSD报文：充电机统计数据报文。

直流充电设备互操作一致性验收表格　　　　　　　　　表5-11

所处阶段	编号	试验内容
充电控制状态测试	D0.1001	连接确认测试
	D0.2001	自检阶段测试
	D0.3001	充电准备就绪测试
	D0.4001	充电阶段测试
	D0.5001	充电结束阶段测试
	D0.6001	充电连接控制时序测试
充电异常状态测试	D0.4501	通信中断测试
	D0.4502	开关S断开测试
	D0.4503	车辆接口断开测试
	D0.4504	输出电压超过车辆允许值测试
	D0.2501	绝缘故障测试
	D0.4505	保护接地导体连续性丢失测试
充电控制输出测试	D0.4101	输出电压控制误差测试
	D0.4102	输出电流控制误差测试
	D0.4103	输出电流调整时间测试
	D0.5101	输出电流停止速率测试
	D0.3101	冲击电流测试
充电控制导引回路测试	D0.6002	控制导引电压限值测试

直流充电桩应能同时通过通信协议一致性验收以及互操作一致性验收。

4．未来接口和协议的变化

当前有序充电与V2G双向充放电主要依靠充电的TCU（计费控制单元）与电网或平台通过以太网进行通信。CAN总线应该可以满足当前的场景需求。

在未来更复杂的通信过程中，CAN总线可能存在带宽不足的问题，无法满足未来更复杂通讯过程的要求，可能面临一些挑战。因此，随着电动汽车技术的不断发展，为了满足车桩网协同，通信速率和安全要求更高更复杂，行业可能需要考虑采用更先进的通信技术来满足未来的需求，如Ethernet。

5.3.2　交流桩

1．国标交流充电接口

按照《电动汽车传导充电用连接装置　第2部分：交流充电接口》GB/T 20234.2—2015的规定，国标交流充电接口的充电设备端、汽车端见图5-6、图5-7，功能定义见表5-12。

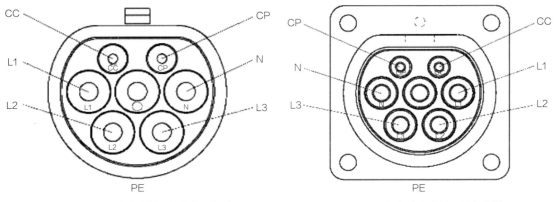

图5-6 国标交流充电接口的充电设备端　　　图5-7 国标交流充电接口的汽车端

国标交流充电接口的功能定义　　　表5-12

触头编号	标识	功能定义
1	L1	交流电源（单相）
		交流电源（三相）
2	L2	交流电源（三相）
3	L3	交流电源（三相）
4	N	中线（单相）
		中线（三相）
5	PE	保护接地，连接供电设备地线和车辆电平台
6	CC	充电连接确认
7	CP	控制导引

2．交流桩充电原理

交流桩接口是7孔标准交流接口，通过PWM波和车内OBC进行简单通信。它告知汽车端，桩输出的额定电流值，同时通过控制导引电路来进行控制整个充电过程。

当车辆接口和供电接口都确认连接后，充电桩将开关S1从12V连接状态切换到PWM状态，并等待车辆控制装置闭合开关S2，此时检测点1峰值电压9V，CP端产生1kHz的PWM波，其占空比代表充电桩额定电流大小。当车辆侧开关S2闭合，代表车辆已经充电准备就绪了，此时检测点1的电压峰值为6V。确认车辆就绪后，充电桩闭合接触器K1和K2，使交流回路导通，充电开始。国际模式3交流充电原理图见图5-8。

3．验收要求

交流充电桩通过车辆插头与测试系统建立连接，测试系统通过录波仪监控交流桩的各项信号，依据《电动汽车传导充电互操作性测试规范 第1部分：供电设备》GB/T 34657.1要求模拟车辆充电正常流程和异常充电流程的动作，以试验交流充电桩在充电流程的每个阶段各项信号是否符合《电动汽车传导充电系统 第1部分：通用要求》GB/T 18487.1附录A相关时序要求。国际交流充电设备互操作一致性验收表格见表5-13。

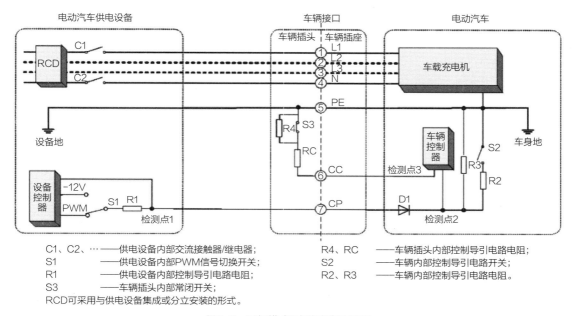

图5-8 国标模式3交流充电原理图

国标交流充电设备互操作一致性验收表格　　　　表5-13

所处阶段	编号	试验内容
充电控制状态测试	A1.1001	连接确认测试
	A1.3001	充电准备就绪测试
	A1.4001	启动和充电阶段测试
	A1.5001	正常充电结束测试
	A1.6001	充电连接控制时序测试
充电异常状态测试	A1.3501	CC断线测试（只针对连接方式A或者连接方式B的交流充电桩）
	A1.3502	CP断线测试
	A1.3503	CP接地测试
	A1.4501	保护接地导体连续性丢失测试
	A1.4502	输出过流测试
	A1.4503	断开开关S2测试
充电控制导引回路测试	A1.6002	CP回路电压限值测试

第 6 章

充电设备运维

6.1 运维现状

随着充电站数量增加、投运时间变长、充电量上升，充电站运维市场更加庞大，且运维的质量更加重要。当前主流的运维模式是采用运营方自营运维团队、充电桩企业或第三方服务商相互配合完成巡检、故障处理、验收等事项。早期的运维手段比较单一，主要依靠现场检查和处理，现在的运维手段则更加多元化，线上运维监控越发有效，降低了运维成本，同时主流企业正向更完善的智能运维、故障自我修复（故障识别、诊断和远程升级等）演进。不同区域不同运营方的运维质量、成本等差异较大，主要因为充电桩企业的产品质量和服务参差不齐、环境差异大、第三方服务商的专业性不一致，市场也对设备质量、质保年限、服务商提出了更高要求。运维的发展也逐步向专业化、智能化、网络化、高效化、规模化、数字化、商业化等发展，同时在现有的商业模式上进行更多的探索与实践。

当前主要的运维模式是以运维平台监控设备的运行数据为指标，指引自营运维团队分区域负责日常管理，监管设备提供商（充电桩企业）或第三方服务商负责具体故障的处理。

运营活动主要分为日常巡检、故障维护、第三方现场检查配合三大类。

6.1.1 日常巡检

日常巡检工作包括对充电设备、场站设施以及电缆状态进行检查，并进行设备清灰等维护。在巡检服务中，运营方会一部分自费委托第三方服务商进行巡检，另一部分则由充电设施企业在质保期内承担。巡检通常按季度进行，而随着夏季的到来，还会启动专门的夏季安全检查。这些计划性的巡检任务一般会在一个月内完成。

目前，第三方共享平台仍处在资源整合的初期阶段，这导致了运维服务提供商的水平参差不齐，一些服务商的专业化程度不足，这严重影响了运维的整体质量。现有的巡检多为计划性安排，但这种方式并不能很好地与设备的实际状态相匹配。此外，目前日常巡检主要依靠人工巡检，这不仅效率较低，还增加了运维成本。这些问题正在阻碍充电基础设施的高质量发展。

未来将从以下方面进行转变：第三方运维服务提供商将从共享平台的资源整合初级阶段，逐步向标准化、专业化和能力评级管理方向发展。同时，巡检方式也将从计划性巡检逐步转向按需巡检，以更灵活、更高效地响应设备的实际需求。

6.1.2 故障维修

故障维修服务涵盖设备故障、离线情况以及车主的投诉处理。我们主要采用自动化派单系统，辅以手动派单，确保服务的灵活性。现场维修工作通常由第三方服务商或充电设施企业负责。对于车主的即时投诉，运维团队会与充电桩企业紧密合作，共同解决客户问题。在费用结算方面，通常采用工单制或总包制。

然而，目前的运维服务也存在一些挑战。首先，不同企业的设备可靠性存在较大差异，导致不同区域的运维成本也不尽相同。其次，各站点的充电量和盈利状况也存在显著差异，这使得区域化问题变得尤为突出。再次，平台在提供故障详细信息方面还有待加强，派单信息较为单一，这降低了一次性维护的成功率。同时，远程诊断和自恢复设计的能力也有待提升。最后，第三方服务商（非原厂充电桩企业）的维修周期较长，且二次返修率较高。

展望未来，将在以下几个方面进行改进：首先，充电设施企业和运维平台将更加重视故障上下文和数据间的逻辑关联，实现故障的智能定位和有效派单，从而提高一次性维护的成功率。其次，通过器件寿命预警和自动恢复策略，将维护方式从被动式转变为主动式。最后，第三方服务商将向标准化、专业化和能力评级管理方向发展。

6.1.3 第三方现场检查配合

第三方现场检查配合情况包括计量强检、政府安全检查、补贴检查、客户委托检查等。一般首次是充电桩企业配合，后续是第三方机构或运维团队自主配合，同时充电桩企业根据客户需求可进行多次配合，需要对可能存在的问题做好即时处理准备。此类运维一般按需配合，通常当天完成。

此类情况下，运营单位与全国性不同区域机构沟通成本较高，不同区域要求不一致，给运营商造成一定困难。

6.2 各场景运维成本分析

针对几种常见的场景，对充电站的运维成本分析如下：

（1）**城市快充**：城市快充站使用频率高，设备磨损快，维护和修理频率相对较高。

（2）**居民小区**：使用频率相对较低，但需考虑设备老化后的集中维修费用。

（3）**商业中心**：使用频繁且时间集中，电费支出较大。高负荷使用，设备易损。

（4）**高速公路服务区**：高速服务区距离市区一般比较远，受天气和使用条件影响，设备维护难度较大，人员维护成本较高。由于需要远程监控和快速响应的服务机制，人员和技术投入较大。

（5）**专用领域场景**：专用领取场景一般位置较偏，且多为沿海、高海拔、高粉尘等环境，现场条件较为恶劣，所需维护频率更高，设备维护难度大。

综合以上几种常见的场景，充电站的运维成本除了需要前期充电站相关必备的投入以外，还有后续的维护费用，根据行业经验，主要维护费用包括整年维保、单次维修或按配件/人工费用等，维护费用与设备稳定性、年限、配件质量、维护人员技能等因素有关。

6.3 充电设备常见故障及应对措施

6.3.1 直流充电设备

直流充电设备常见问题及车主应对措施见表6-1。

直流充电设备常见问题及车主应对措施　　　表6-1

序号	故障内容	可能现象	车主应对措施
1	充电枪电子锁故障	（1）充电桩界面和手机可能显示的内容：充电接口电子锁故障、枪锁故障、充电枪故障等。 （2）直接现象：无法启动充电、充电完无法拔枪	（1）无法启动充电：可以尝试不按枪上机械杆直接插枪，再次尝试，如果仍无法充电，则换桩。 （2）无法拔枪：枪上具备应急手动解锁功能，联系客服，找到解锁方法，解锁后按下机械杆拔枪
2	显示未插枪	充电枪或设备软件异常	换桩重新启动，如果多桩多站尝试后，现象仍存在，需要检修枪座
3	绝缘检测故障	（1）充电桩界面和手机可能显示的内容：①启动过程：绝缘检测故障、母线电阻异常、绝缘故障等；②充电中停止：BMS动力蓄电池绝缘异常、BST其他故障等。 （2）直接现象：启动过程停止、充电中停止	先检查枪座口有无明显异常，外壳和内部针无明显损坏后，换桩充电，如果多桩多站尝试后，现象仍存在或车辆经常出现绝缘异常，需要及时检修车辆
4	急停按钮动作故障	（1）桩界面和手机显示可能内容：急停故障、急停按钮故障、急停开关故障。 （2）直接现象：界面故障，无法充电	无设备使用或紧急充电，可以尝试顺时针旋转急停按钮恢复正常，尝试充电，若故障还是不能恢复，应联系厂家客服处理
5	扫码无反应	设备离线或其他原因	可以尝试换桩，或者重启应用程序APP；如果每台设备表现一致，可能平台异常，可以打客服电话反馈
6	BMS通信异常	（1）无法启动充电，1~3min内停止流程。 （2）充电中异常停止	（1）可以尝试重启车辆，同时重新插拔枪，再次启动充电。 （2）换桩进行充电，如果多桩都出现或车辆在不同桩进场充电经常出现此问题，需检修车辆
7	计量计费异常	平台或设备异常导致收费异常	打场站客服电话，进行申诉，提供充电订单，等待后台处理退款
8	充电枪枪头进水或裂纹	掉落地上和存放不规范导致充电枪异常	车主发现此类异常，为了安全，应不进行插枪充电
9	充电车辆异常	因某种原因导致车辆异常，无法启动或车辆显示告警	如果还在充电中，应立即在手机端停止充电，并打电话给场站客服，同时联系车辆售后人员，待站点和厂家给出回复后处理
10	其他故障	设备显示故障	换桩充电

6.3.2 交流充电设备

交流充电设备常见问题及车主应对措施见表6-2。

交流充电设备常见问题及车主应对措施　　　　　　表6-2

序号	故障内容	可能现象	车主应对措施
1	指示灯显示故障	交流充电桩的指示灯变为故障灯闪烁，根据故障灯语判断为过压保护或欠压保护	如果充电桩出现过压或者欠压、可以使用万用表检测输入端电压，用万用表测试值和输入采样值是否偏差过大（具体电压值根据具体厂家设备设定），再检测电缆连接、漏电保护开关是否完好无损、如无异常可判定为电表输入电压异常、联系电力机构处理即可。如检测电压值在正常电压范围内可判定为充电桩内部故障、需移交专业售后人员处理、专业人员在维修过程中建议主要检测充电桩内部采集电压元器件是否故障
2	充电卡等附件故障	充电桩启动需要通过刷卡等方式启动时充电桩无任何反应	（1）首先进行交换测试确认读卡器和卡片是否有问题。如果没有可换设备，先检查插枪时读卡器指示灯是否闪烁，闪烁为正常。若判断读卡器没有问题，可以用手机的NFC功能看卡片是否能被检测识别，如果不能检测识别，说明卡片有问题。 （2）参数问题：卡的参数设置需向厂家确认是否正确。 （3）如果是联网验证卡，需要句平台管理人员确认是否将卡号录入后台
3	充电过程电流异常	充电桩正常启动充电后（继电器吸合）输出电流一直为0A或者0.××A，且一直不会增大	（1）部分高配车辆有远程操控按键，在此按键被按下的情况下，充电时没电流，需复位后可正常充电，充电线缆连接不良或损坏，充电枪线缆枪头未插到位，枪头的行程开关需完全复位方可正常充电，确认车辆蓄电池是否有电，在蓄电池没电的情况下，车辆接触器不能正常吸合，所以充电时没电流。 （2）排除以上情况后，则进一步查找充电桩及电源的原因，包括电压的谐波等是否在正常范围内
4	预约充电功能无法启动	充电桩不能正常预约充电	（1）部分车辆不支持预约充电，这属于车辆自身功能问题，或早期设备可能配置该功能。 （2）支持预约充电的车辆则需要确认车端的预约功能是否正常开启，打开预约充电功能前需将充电桩的充电枪线缆连接至车端，同时充电桩需先正常启动充电。打开后车辆会将充电状态转换为等待汽车准备好的状态，到达一定时间后自行启动充电。若不成功，还需检测车辆问题
5	充电桩指示灯不亮	充电桩指示灯无任何显示、设备处理断电状态	（1）用电压检测仪器检查电源进线是否有电，如果电源进线电压正常，则是充电桩损坏，如果电源进线端无电压，则是安装前级空开跳闸或者未闭合。 （2）如没有检测仪器，可参考如下方法：按下漏电保护器上的测试按钮来判断线路是否有电（测试按钮上有T字样）。开关下跳说明有电，可以判断充电桩内部存在问题；开关不跳说明没电，可以判定为电表到漏电保护器之间存在线路问题
6	充电完成后枪无法正常拔出	充电完成后充电枪无法从车端充电口正常拔出来	（1）先确认车辆充电插座口是否有插头锁，有插头锁的车辆需在车辆解锁的情况下才可拔出，一般解锁只需要用户通过车辆遥控器连接3次开门键，便可解锁充电枪。 （2）由于车端枪头和插座口需要达到相关防护等级，故间隙较小，充电后会产生真空现象，导致枪头拔不出，可左右轻轻摇晃，让空气进入后再拔出

续表

序号	故障内容	可能现象	车主应对措施
7	联网版交流桩离线	APP操作提示设备离线、无法正常充电	（1）设备未进行注册、产品安装需要注册。如果是个人充电桩，需要通过APP扫描桩面板上面的二维码进行注册；APP端注册成功后，充电桩会获取数据并连接到平台（具体的APP注册流程应根据APP提示指导进行注册，此处不做详细介绍） （2）安装现场无信号，交流充电桩需要连接至平台才能工作，所以必须要保证网络正常连接并且稳定。如果没有信号，建议以下操作：①更换SIM卡运营商，尝试连接；②协调运营商做信号覆盖；③申请加装4G信号放大器；④更换充电桩的安装位置，移至信号好的地方。 （3）SIM卡无流量应联系SIM卡供应商，将充电桩内部使用的SIM卡卡号报给供应商，让供应商查看SIM卡流量状态和卡状态，并对应进行解决

提示：任何型号的充电桩在安装使用前，首先要选择标准的且状态良好的电源，接入不标准的电源有可能造成充电桩出现上述情况以外的故障，并缩短充电桩的正常使用寿命，严重情况还会直接导致充电桩报废。其次要选择合适的地理环境，如防尘防潮等。之后要养成充电桩良好使用以及养护的习惯。这样才能更长久、更有效、更安全地使用充电桩。

第 7 章 充电设备发展趋势

7.1 充电设备发展趋势

7.1.1 兆瓦级共享充电

随着私家车爆发,充电站日趋大型化,车位从8个向20个以上发展,场站主要搭配的变压器从630kVA向1600kVA发展,场站电力达到兆瓦级,主要搭配两台充电堆系统,两台系统之间的功率不共享。但是随着超充车型增多,预计2026年新增超充车型占比将达到30%,未来场站多台超充车型同时充电的概率大大增加,超充车型功率大,但充电时充电效率受限,并且也限制了其他车型的充电效率,也会出现一个功率池余量不足、另一个功率池余量剩余的现象,场站利用率受限,影响场站收入,所以整站功率共享的需求将大大增加,兆瓦级充电将成为大趋势,兆瓦级柔性共享超充堆见图7-1。

图7-1 兆瓦级柔性共享超充堆

7.1.2 高压大电流

2022年电动私家车迎来爆发,2023年电动汽车销量破900万辆,渗透率达31%,未来渗透率将进一步提升,需解决补能焦虑问题,提高电动汽车充电功率。充电桩充电功率快慢主要受到充电功率影响,而充电桩功率$P=U$(电压)$\times I$(充电电流),因此提高充电功率可以通过提升充电电压或者增大充电电流两条路径来实现。以特斯拉为代表的部分汽车企业采用大电流快充方案,其"V3"超充桩的充电电压为400V,其峰值工作电流超过600A。由于充电电流的提升会导致充电过程中较多的热量释放,因此对充电设备的散热性能提出较高要求,通常需要配备成本更高的液冷方案。相较之下,热损耗更小的高电压方案成为主流选择,800V平台可以进一步压缩散热器件的体积,节省出更多的空间,减轻整车重量,带来续航里程的提升,大电流叠加高电压,才是最终实现大功率超快充的最终方案。基于以上优势,国内很多汽车企业,例如小鹏、埃安、长安等纷纷采用800V高压平台。

7.1.3 400A风冷超充

自从2020年特斯拉进入中国市场以来，间接推动了国内电动汽车的技术迭代，也带动了400A的充电需求，例如小鹏、极氪等品牌。2024年4月，比亚迪推出e3.0充电解决方案，支持最大电流400A，首先应用于海狮07，随着比亚迪的发力，400A充电将取代250A成为主流需求。此外，2023年9月，《电动汽车传导充电用连接装置 第3部分：直流充电接口》GB/T 20234.3—2023发布，充电枪充电电流允许超过250A，最高可达800A；但是车桩通信协议尚未兼容。因此目前电动汽车充电电流在400A以内。随着当前汽车企业主推800V车型，其充电电流大于400A，但是车桩协议仍然为旧标准，导致800V超充车型性能受限，并且800V超充车型保有量较低。所以2024年在上海充换电站展会首发的400A风冷超充，深受行业追捧，预估未来400A风冷超充将取代250A快充成为主流，这也是新的车桩通信协议出台之前最好的过渡方案。

7.1.4 充电堆普及

随着电动私家车的爆发式增长，汽车充电功率逐渐增大，同时800V车型集中发布，市场上电动汽车充电功率范围由60～120kW转向30～540kW，主流的120kW一体机已不能满足大多数车辆的充电需求。此外，充电过程存在四个不确定因素：充电曲线不确定，初始充电功率大，逐步降低；剩余电量不确定；车型不确定，如运营车、私家车、物流车等；闲忙不确定，车辆充电时间随机，节假日扎堆充电。由于一体桩的架构原因，存在车辆充电功率和电压需求满足率低、同等时间充电量少等问题。场站建设对市电容量需求大，引电投资成本高，不支持向超充和光储充一体化平滑演进。

充电设备将由一体桩向充电堆演进。充电堆具有功率共享、超快一体和市电增容等特性，可根据不同电动汽车的充电电流、电压需求，按需分配，可支持叠光叠储达到市电增容的目的。在同等电力容量的情况下，充电堆显现出四大优势：体验好，车辆满足率高达99%；充电多，可有效提高市电利用率，加速翻台，充电功率提高30%；能演进，支持快充向超充、甚至光储充一体化演进。

7.1.5 光储充一体化

随着政策扶持力度的持续加大，光储充一体化迎来了前所未有的发展机遇。在技术创新不断涌现的推动下，电池价格呈现明显的下降趋势，这使得光储充一体化的成本大幅降低，进一步促进了其广泛应用。

2024年新能源乘用车渗透率超过50%，电动汽车已逐步成为主流车型。其中私家车占绝大部分，随着保有量提升，用电高峰期充电行为增加。与此同时，峰谷价差的拉大，为光储充一体化的发展提供了更有利的经济条件。市场规模也在不断扩大，吸引了越来越多的企业和机构参与其中。

在光储充一体化中，交直流混合输入方案成为一大亮点。这种方案结合了交流和直流电网的优势，能够实现更高效、更灵活的能源传输和转换，不仅提升了系统的整体效率，还能更好地适应不同应用场景的需求。

随着电池价格的下降和交流、直流混合输入的应用，光储充一体化的应用场景变得更加广泛。无论是城市还是乡村，无论是商业建筑还是住宅小区，都能看到它的身影。它为人们提供了更加便捷、高效、可持续的能源解决方案，推动了能源领域的变革和进步，光储充一体化场景示意图见图7-2。

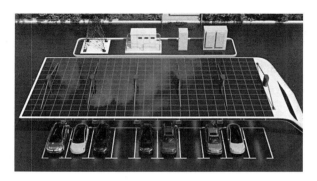

图7-2 光储充一体化场景示意图

7.1.6 车网互动

车网互动（Vehicle-to-Grid，V2G）充电桩是一种具有双向能量流功能的电动汽车充电桩，它不仅能够向电动汽车供电充电，还能够从电动汽车中获取电能，实现能量的双向传输。这种双向传输的特性使得V2G充电桩能够更灵活地参与电力系统的运营和管理。

在新能源汽车大发展的背景下，十年后，在"源"（新能源发电）、储（电池储能）侧，新能源占比将接近40%。在"荷"（电动汽车）、储（电池储能等）侧，电动汽车充电量需求将接近全社会用电总量的10%，"源"和"荷"呈现多样性、随机性、时空异质性，这将加剧电网供需平衡难度，并给配电网带来挑战。V2G可以很好地平衡电网负荷，通过与电网的互动，电动汽车可在电力需求高峰期向电网输送电能，在电力需求低谷期从电网获取电能。等同于将电动汽车的电池当作新型储能系统融合进电网中，未来车网融合、规模互动将成为必然趋势。

以欧洲为例，其电网调度需求将超过4TWh。以充电网为桥梁和管道，通过"比特"（信息量单位，代表算力）管理"瓦特"（功率单位，代表电力），构建安全、高效、智能、经济的车网互动底座。在技术方面：负荷时空建模和预测、功率高精度调节、毫秒级低时延响应、V2G双向功率变换、隐私和网络安全技术等将加速孵化成熟。在产业生态方面：车网互动并非一蹴而就，需要考虑商业模式、各类聚合平台和标准建设、技术准备等。因此，车网互动将分场景、分阶段实现：从单向有序到单向响应，最终实现双向互动，逐步实现多方共赢、可持续发展。

7.1.7 整站能量管理

随着电动汽车的逐渐普及，充电桩的需求也在不断增加，这对电网的负荷水平提出了一定的挑战。根据国家能源局发布的统计数据，截至2023年年底，我国充电基础设施总量达859.6万台、同比增长65%。充电桩的接入会增加电网的负荷，尤其是在充电高峰期，一些小区或单位规划的配电容量不够，无序充电行为会引起电网的过载，导致供电设备损坏，还会影响日常照明和公共用电。

整站能量管理（Energy Management System，EMS）是一种智能系统，旨在有效管理充电桩的充电行为，以减轻电网的负荷压力，并确保电网运行的稳定性和安全性。EMS通过实时监测和分析电网负荷水平，了解电网的工作状态和负荷情况。基于这些数据，EMS能够预测充电需求的高峰期和低谷期，为充电桩的调度提供基础。EMS根据电网负荷情况和用户需求，对充电桩的充电功率进行统一的调度和管理。它可以根据电网的允许可充电容量，动态调整充电桩的充电功率，确保电网不会超载，并优化充电效率。EMS将所有充电桩进行组网接入，实现对充电桩的集中管理和控制。通过充电桩的网络化接入，EMS可以实时监测每个充电桩的状态和充电情况，并进行远程控制和调度。以满足用户的需求，并确保电网的安全和稳定。它可以根据用户的充电计划和预约情况，合理安排充电桩的使用，提高充电服务的效率和质量。

EMS通过对充电桩的集中调度和管理，实现了充电行为的有序性和高效性，为电网的安全稳定运行提供了重要保障，同时也提升了用户的充电体验和服务质量。

7.1.8 慢充直流化

目的地充电是车网互动的核心场景。办公区、商超、居住区等园区场景具备"停充一体"特征，挂网时间长，是实现车网互动的基础。目前，目的地场景下存在剩余电力零碎的问题，剩余容量以80~100kVA为主，已部署的充电设备99%以上为慢充交流桩，功率为3.5~7kW。交流桩存在两大缺陷：一是无法实现电网互动，仅能单向补能，不支持V2G演进；二是无法车桩协同，车桩之间缺乏数字化互联互通，信息不交互。2024年1月，国家发展改革委、国家能源局等多部门联合印发《关于加强新能源汽车与电网融合互动的实施意见》，通过车网互动来充分发挥新能源汽车在电化学储能体系中的重要作用，巩固和扩大新能源汽车发展优势，支撑新型能源体系和新型电力系统构建；此外，为解决里程焦虑，新能源汽车的电池容量有增大趋势，当前最大容量达150kWh，充电时长超20h，主流7kW交流慢充将不能满足未来车型的充电需求。因此，随着车网互动要求的加速推进，针对目的地的慢充直流化趋势也将随之加速。小功率直流方案相比传统交流桩，能更好地实现车网互动与数字化体验，带来三大价值：充电更快，不受OBC限制，充电功率增大至20~40kW，充电速度提升3~5倍；长期演进，支持即插即充、积分结算、V2G等功能；海量部署，在相同电力条件下，可达到3倍的覆盖率，提升50%市电利用率。

7.1.9 智能化

当前，国内充电桩数量与日俱增，而当前大部分存量充电桩仍然存在着数字化孤岛效应，车、桩、网络之间互相联通性仍然不强。面向未来，打造新型电力系统，更好地支撑能源体系变革转型，是国家层面的战略和发展方向，而对其中重要支点的充电设备进行智能化改造则是实现此目标的重要抓手。因此，未来在充电设备、新能源汽车、电网之间的智能化协同发展是趋势之一。

智能化发展趋势主要以车、桩、网互联来实现整体的智能化调控。其构想是：新能源充电桩车辆互联网平台在整体技术架构上采用"感知层—网络层—平台层—应用层"四层架构，以边缘代理为技术核心，利用5G技术和人工智能技术、边缘计算、就地决策，实现充电桩与车辆等新能源设备的数据全采集、状态全感知、业务全穿透。

7.2 关键零配件发展趋势

7.2.1 充电模块

充电模块的主要作用是为电动汽车动力电池提供所需的直流充电电压和电流，具有电压和电流调节的功能。充电模块作为充电设备的关键零部件之一，是决定充电设备可靠性和使用寿命的核心因素。

单机输出功率：充电模块的单机输出功率由原来的15kW、20kW，发展到目前的30kW、40kW甚至60kW和120kW。

输入电压类型：充电模块的输入电压类型由原来的交流输入，发展到目前的以交流输入为主，直流输入为辅的技术路线，直流输入类型的充电模块主要应用在具有直流母线的储能系统或微电网中。

碳化硅的应用：为了满足新能源汽车高电压、大电流、大功率的充电需求，充电桩功率增大已成必然，因此也带来体积增大、耐受高压、热量增多等问题和需求，充电模块作为充电桩输出充电功率的关键器件，是解决以上问题的关键要素。碳化硅是一种第三代宽禁带半导体材料，可以实现高耐压、低导通电阻、高频、耐高温等特性，可降低导通损耗和开关损耗，提高系统效率，简化系统电路，降低产品体积和重量。禁带宽度反映的是价电子要成为自由电子所需要的能量，碳化硅是硅的近3倍，禁带宽度越宽，耐受高温和高压能力越强，反向漏电流越小，抗辐射能力越强。绝缘击穿场强，碳化硅是硅的近10倍，碳化硅能够以薄厚度的漂移层实现更高耐压和低内阻。由于碳化硅的高饱和漂移速度和较高的电子迁移速度，所以非常适合高频应用，这意味着可以降低电路拓扑中的磁性器件体积，提高充电模块的功率密度。随着碳化硅器件的发展，国内也有非常多的碳化硅器件厂家，具有较强的可选择性。因此充电模块应用碳化硅已成必然趋势。

内置交流接触器设计：现行充电桩在充电时，所有充电模块同时投入使用，无需工作的充电模块也是待机工作，导致很多充电模块空载待机，浪费电能。通过创新设计，可在充电桩中内置交流接触器。这一设计可优化柜内交流接触器，不仅显著提升了充电桩的空间利用效率，而且通过简化内部布线结构，进一步压缩了充电桩的体积，使得整体设计更为紧凑。此外，该设计在充电桩处于待机状态时，能够实现模块的有功、无功功耗都降至零，极大地提升了能源利用效率和电能质量，降低了运营成本，并且对环境的影响降至最低。

强制风冷散热：充电模块采取的主要散热方案，通过风扇带动空气在模块电路板之间的流通，以达到散热的目的。同时对重点元器件采取针对性胶封的方式进行保护，从而提高模块整体的可靠性。也有部分厂家选择灌胶工艺以提高防护性和可靠性，但是灌胶工艺也会导致模块可维护性下降，可以说两种方案各有优劣，一般可根据实际环境情况按需选择。

液冷散热：充电设备大功率化，带来了散热以及噪声的问题。同时建站场地资源减少，充电站越来越靠近居民区，低噪声需求较以往逐步增加。液冷散热技术通过循环的冷却液（通常是特殊的冷却液或冷却水），吸收和传输充电模块产生的热量。这些冷却液在系统中循环，流经模块的热交换器，吸收热量后将热量输送到远离关键部件的散热器。在散热器中，热量被散发到环境中，冷却液降温后再循环回到充电模块中，形成一个闭环的冷却系统。由于液冷系统散热效率高，风扇的转速和功率可以相应降低，相比传统的风冷系统，噪声可以大大降低。液冷系统封闭的特性，可以使模块的防护等级达到IP65甚至更高，增强了充电设备对恶劣环境的适应性。然而，成本过高制约了液冷模块的发展，随着材料以及焊接工艺的发展，液冷模块将会是充电设备未来重要的发展方向。

独立风道散热：充电模块的发热元件与散热板紧密接触，通过传导散热形式将热量传递到散热板上，电气元器件与散热器呈上下层结构分布，通过在散热板上的散热风机加速散热，该方案常见于组串式光伏逆变器中，能够有效提高电子元器件的可靠性和使用寿命，但是对充电模块的转换效率要求较高，否则得不偿失。

7.2.2 充电枪

充电桩充电功率的提高带来的高电流使得接触端子及线缆的发热量会快速增加，导致温度迅速升高。持续高温极易损害充电装置的电子元器件，甚至引发安全事故。降低电缆发热的常规方法是增大电缆线芯截面面积，但是持续增大电缆线芯截面面积将使电缆过于笨重，从而严重影响用户体验。

目前250A的国标充电枪线一般采用的线缆，整体质量偏重且不容易弯曲。而液冷充电枪线通过在充电枪、线缆和充电主机回路上增加冷却管道，依靠动力泵推动冷却介质循环把热量带出，从而防止大电流导致的充电枪线过热，从而提高充电功率。高效的散热有助于减少能量损失，确保充电过程中的能量转换效率最大化。通过实现大功率充电，使充电时间和加油时间相同，将极大提高电动汽车的用户体验，减少当前广大车主的充电焦虑感。

通过采用液冷充电枪线，可以在更大电流下实现轻量化，用较细的充电枪线便可支持500~800A的大电流通过，同时比相同通流能力的传统充电枪线减重30%~40%，带来更好的用户体验。

（1）轻量化

近两年，新能源私家车市场火爆，用户群体逐渐多样化，女性用户明显增多，传统的250A

快充枪线过于笨重，操作起来难度大，给车主带来使用体验差的负面影响，不利于新能源汽车的整体发展。根据车百智库和小桔充电联合发布的《中国充电基础设施服务质量发展报告》中公布的数据，"充电枪轻便，容易插拔"在用户充电体验关注因素中排名第九。因此充电枪线的轻便化是新能源汽车充电产业的共同诉求，未来更轻便的枪线将会在市场中具有竞争优势。

（2）兆瓦级充电

随着电动汽车越来越广泛地应用于长途运输和重载运输，缩短更大容量电池的充电时间成为一个重要挑战。当前重卡商用车，电池容量普遍在200kWh以上，为了提升补能效率，车型电压平台从600V向800V发展，充电功率通过双枪并充已达兆瓦级。未来为了进一步提升充电效率，重卡商用车主机厂已开始布局1200V以及1500V充电技术，单枪充电电流大于1000A，由双枪兆瓦级充电向单枪兆瓦级充电过渡。

在这一背景下，兆瓦级充电系统的概念被提出。兆瓦级充电系统是一项针对重型商用车制定的国际标准快充系统，该标准的设计由国际充电标准制定协会推进，主要成员包括戴姆勒、大众、保时捷等车企及德国技术检验协会等行业协会。目前业内已有菲尼克斯等企业已经完成了载流能力高达3000A的充电枪和插座方案，并作为示范项目进行推进，助力兆瓦级充电打通核心瓶颈，促进产业技术迭代和发展。

7.2.3 电表

高精度和高可靠性：随着新能源汽车用户对充电成本的关注日益增加，充电桩的计量电表必须能够提供精确的电能消耗数据。高精度的计量电表有助于准确地记录每次充电的电量并计费，避免因计量不准确而导致的用户不满意和经济损失。充电桩运营商提供的服务质量直接影响到用户的满意度和忠诚度。高精度的计量电表可以提供可靠的充电数据，帮助运营商更好地管理充电服务，提升用户体验。

智能化和远程管理：智能化的计量电表能够实时采集充电桩的运行数据，包括电量消耗、电压、电流、功率等关键参数。这些数据通过内置的通信模块传输至远程监控系统，使充电桩运营商能够实时监控充电桩的运行状态，这样运营商可以在任何地方远程诊断充电桩故障，无需现场检查。这大大减少了维护成本和时间，提高了维护效率，对于充电桩行业的发展具有重要意义。

7.2.4 显示屏

广告屏：通过在充电设施上安装广告屏，运营商能够向广告客户出租这些屏幕，从而获得租赁费用。这不仅为运营商开辟了新的收益渠道，还能有效缩短其投资回收期，提高充电桩项目的经济效益。对于充电桩运营商而言，将充电桩与广告展示相结合是一种创新的营利模式，这吸引了许多运营商相继加入，逐渐形成了一种趋势。

第8章
相关建议

8.1 执行强检意见，促公平竞争发展

随着电动汽车市场的快速增长，电动汽车充电设备的建设也随着快速发展。由于充电设备生产所依据的标准不统一，市场上存在依照不同年份的国家标准或行业标准生产的电动汽车充电设备，同时充电设备还存在计费标准不统一等问题。充电设备涉及电量计量和电费结算。为了保护消费者的权益，避免因充电设备计费不准确而遭受经济损失，确保充电设备的安全性和计量准确性是非常有必要。因此，国家市场监督管理总局发布了《市场监管总局关于调整实施强制管理的计量器具目录的公告》，将电动汽车充电桩纳入强制检定范围，并自2023年1月1日起正式实行。此举规范了电动汽车充电市场，有效促进了市场的公平竞争和健康发展，保障了消费者的合法权益，推动了技术与监管的创新，促进了产业健康发展。

通过强制检定，可以确保电动汽车充电设备的计量性能准确可靠，避免充电过程中的计量误差，保障消费者的合法权益。同时，还可以规范电动汽车充电设施市场的竞争秩序，防止不正当竞争和恶意竞争，维护市场的公平性和透明度。随着政策的实施和市场的不断发展，电动汽车充电设施的建设和运营将更加注重技术创新和产业升级，有效推动整个行业向更高水平发展。

8.2 运营规范落地，营造健康发展环境

从充电联盟2023年12月的数据分析可知，当前充电桩一天满功率输出时间最高为2.5h，大多数运营商在1h左右，利用率仍然较低，处在不健康的发展状态。但是，各大运营商是为了抢占资源，开启价格战，充电服务费从0.6元降到0.2元，甚至降为0，恶意竞争大大打击了其他投资者的信心，推动运营规范落地，是非常必要的。

2023年8月，新能源汽车充电运营服务商头部企业特来电、星星充电与云快充已携手宣布，将共建优质、稳定的充电互联网络，促成市场健康有序发展，助力实现"双碳"目标。

除了定价规范外，充电站安全管理、充电设施管理、充电站卫生管理、充电站工作人员操作流程规范等，也亟待出台较为统一的相关标准，以确保全国新能源汽车充电产业的健康发展。2024年6月17日，《广东省发展改革委关于做好公共充电设施项目备案管理及安全质量管控告知的通知》正式出台，运营规范落地正在逐步实现的路上。

8.3 推动评价评级标准落地，可持续高质量发展

电动汽车用户的绿色出行离不开充电基础设施的保障。充电基础设施的快速发展，对于推动新能源汽车产业，建设新型电力系统和助力实现"双碳"目标都具有十分重要的意义。然而，随着电动汽车市场占有率的快速增加，以及充电技术的更新迭代，当前公共超快充设备逐渐不能满足乘用车主对美好出行愿望的充电需要。研究编制充电设备评价评级标准，按照市场和技术的发展现状，引导和规范电动汽车超级充电设备和场站的充电服务向着更安全、更便捷、更优质的方向发展是十分必要的，也将极大地推动更加先进的超快充设备的研发和推广应用。

8.4 设备质量监管，维护用户权益

当前充电设备行业处于高速发展期，投资主体多元化，厂家水平参差不齐，后来者为快速抢占份额，采用低价减配策略。充电设备作为生产工具，其安全性、稳定性尤为重要，过度减配存在安全风险，小则影响运营收益，大则危及生命安全。当下，制定充电设备质量监管政策，维护用户权益，已迫在眉睫。

8.5 技术创新奖励，加快行业突破

近年来，新能源汽车发展迅猛，技术迭代快，市场从以专业运营车为主转向以私家车为主。应用场景由城市向城镇、城际发展，从南方向北方发展等。不同的用户和不同的场景对应的需求也是不一样，仍有很多问题需要解决，具体如下：

（1）近年来，充电桩的充电体验虽有提升，但是枪线仍然较粗较重，对女性车主不友好。

（2）城镇农村地区因新能源渗透率不足、利用率不高，影响投资信心，城际场景呈现潮汐效应，平时利用率不高，所以降低运营成本、降低设备功耗尤为重要。

（3）随着固态电池的应用，新能源汽车耐低温，能量密度将有所提升，各地渗透率也将有所提升，场景多样，对充电桩环境适应性要求也相应提升。

以上问题不但影响了投资者的信心，还阻碍了新能源汽车的发展，应对解决行业发展问题的技术给予创新奖励，加快新能源汽车发展步伐。